做一个会表达的女人

璞 玉 编著

吉林文史出版社

图书在版编目（CIP）数据

做一个会表达的女人 / 璞玉编著. -- 长春 : 吉林
文史出版社, 2020.5（2024.8重印）
ISBN 978-7-5472-6793-6

Ⅰ.①做… Ⅱ.①璞… Ⅲ.①女性—语言艺术—通俗
读物 Ⅳ.①H019-49

中国版本图书馆CIP数据核字(2020)第046688号

做一个会表达的女人
ZUOYIGEHUIBIAODADENÜREN

编　　著	璞　玉
责任编辑	张雅婷
封面设计	末末美书
出版发行	吉林文史出版社有限责任公司
地　　址	长春市福祉大路5788号
电　　话	0431-81629353
网　　址	www.jlws.com.cn
印　　刷	北京永顺兴望印刷厂
开　　本	880mm×1230mm　1/32
印　　张	4
字　　数	80千
版　　次	2020年5月第1版　2024年8月第2次印刷
定　　价	19.80元
书　　号	ISBN 978-7-5472-6793-6

前 言
\PREFACE\

"一言可以兴邦，一言可以亡国。"古人已充分认识到了会说话的重要性。今天，会说话作为一项个人能力，其重要性已不言而喻。

说话，不仅是一种生理现象，更是一种处世能力。会说话的人，纵然口若悬河、滔滔不绝，听者也不以为苦；纵然只言片语，也能绕梁三日。语言真是神奇，一句话说得好，就可能福从口入；一句话说得不好，也可以祸从口出。一句话可以化友为敌，引发一场争论甚至导致一场战争；一句话也可以化敌为友，冰释前嫌，带来荣誉和成功。

成功人士大多是口才出众的说话者，毫不夸张地说，成功人士取得的成就中，至少有一半是用舌头去创造的。拿破仑的一席话，能迅速调动军队的士气，使军队一鼓作气取得胜利；林肯的一席话，能让反对他的政敌哑口无言，使人们对他肃然起敬；比尔·盖茨的一席话，能促使信息业开启一个全新的领域；格林斯潘的一席话，能令纳斯达克的股价疯狂飙升。

这些成功人士正是依靠出众的口才，从而为朋友所尊敬，被社会所认同，上得领导青睐，下得下属爱戴。他们共有的特质表现为：说话能够做到滴水不漏。他们既能从新的角度看事物，又能就众人所熟知的事物提出独到的观点；既有广阔的视野，谈论的题材超越自身生活的范畴，又能将视角集中于某一事物进行剖析。他们充满热情，使人对他们的话题兴趣盎然；他们好奇心强，对许多事都有探究的兴致；他们有同情心，会设身处地去思索你所告诉他们的事情；他们有幽默感，不介意开自己的玩笑……

细细想来，成功人士这么会说话，我们何尝不能学习呢？只要肯下功夫练习，掌握说话的基本功，通晓语言的技巧，理解语言的艺术，发挥语言的力量，人人都可以成为说话高手和口才大师。当然，我们要做到这些，离不开对古今中外相关经验的借鉴，离不开对理论和技巧的学习。而本书，就是这种借鉴和学习的起点。

本书从实用性和科学性的角度出发，以科学理论为经，以实际事例为纬，融合了理论指导性与实际可操作性，积前人经验智慧和今人的艺术技巧于一体，经精心编排体例，悉心安排结构，用心修炼文字，汇编而成，旨在使读者在最短的时间内通过阅读此书，能够掌握说话技巧、修炼说话能力、提高说话水平，做到说话滴水不漏，来为成功添翼，为事业奠基，为幸福增彩。

目 录

\CONTENTS

第一章

做高段位女人，不要输在说话上

爱笑的女人运气不会太差

彼得·泰格是一位著名的演说家和交流高手，他曾经说过："就连最懒惰的人，也懂得微笑。因为他知道，微笑比皱眉牵动的肌肉要少得多。"微笑是最美丽也是最容易的表情。所以，应该让微笑成为一种习惯，不要让死板严肃的表情成为你成功道路上的障碍。

微笑，蕴含着丰富的含义，传递着动人的情感。有位哲人曾说：微笑是人类最美的表情。在人际交往中，我们需要微笑。微笑是一种令人愉快的表情，表达一种热情而积极的处世态度。

对于一个人来说，真正的风度并不仅仅表现在穿着打扮、举止言行上，有的人尽管一身名牌，但是他僵硬的表情、牵强的笑容让人不喜欢；有的人尽管衣着朴素，但是他流露出发自内心的笑容，你反而觉得他有亲和力、有风度。

微笑表达的意思就是：我喜欢你，我很高兴见到你，你让我开心。所以，不要吝惜你的笑容。从现在开始，以微笑来招呼你的朋友，以微笑来面对你的人生。

大部分的社会活动都是人与人的接触交流，如果微笑这种方式每个人都运用得很好，就能作为润滑剂，使整个社会机器磨合运转得很好。

笑容就是你最好的名片。你的笑容能照亮所有看到它的人。笑容使你显得高贵自信、大方热情、值得信赖，让人觉得和你交流是愉快的、你对他是尊重的。

在求别人帮忙时当然也一定要微笑。这个微笑是在告诉他你的友好，告诉他你对他的信任。向别人道歉时也一定要微笑，这个微笑是要表明你的友好，表明你的真诚。

微笑自然也有许多要领。之所以叫作微笑，就是说明它在量和度上都同大笑、狂笑有很大不同。该微笑时一定不要笑得很大声，嘴自然也不能张得很大。不露齿白，才恰到好处。微笑的度一定要把握得很好，否则善意的微笑就可能变成嘲笑。

如果你花很多钱买了许多珠宝服饰，只是为了使人对你友好，或者使自己更迷人，那还不如微笑有用。因为微笑更能赢得他人的好感，也是最迷人的表情，而且它不花你一分钱！从这个方面说，真诚的微笑价值连城。

所以，从现在开始，马上去做，以微笑来招呼你的朋友，以微笑来面对你的人生。

女人不仅要会说话，更要会化解尴尬

　　与陌生人相处，突发事件时有发生，处理不好就会导致尴尬，这时，运用口才往往能四两拨千斤，收到意想不到的效果。

　　尴尬的场面在生活中会经常碰到，因此，要学会克服尴尬。面对尴尬局面，只要你积极参加社交、不禁锢自己、增强应变能力，那么对付尴尬局面并不难。

　　1.用幽默化解尴尬

　　古希腊著名哲学家苏格拉底是出了名的"妻管严"，他的太太十分厉害。有一次，苏格拉底的好友到他家做客，刚吃完饭，那位朋友还没走，苏格拉底的妻子就当着那位朋友的面要求苏格拉底帮她倒洗脚水。苏格拉底觉得很没面子，执意不肯。于是，他的妻子就非常生气地跟他大吵大闹。为免生事端，苏格拉底就和他的朋友一起离开家门，并下楼出去，当他们刚走出楼门口时，他妻子突然将那盆洗脚水泼到了他的身上。场面十分尴尬，可苏格拉底却笑着说道："我早就知道，打雷过后一定要下雨。"妻子和朋友不由得哈哈大笑起来。

　　一句幽默，轻松化解了当时的窘境，换来了妻子和朋友爽朗的笑声。

　　2.从对方的话里找线索，举一反三

　　一次电影节上，刘德华被安排与韩国实力明星安圣基一起举行观众见面会。有媒体提问，刘德华现在不光拍电影，还转型幕后做老板，安圣基有没有这个意向。安圣基"滑头"地说自己拍电影很多年，伟大的形象早已树立，不会学刘德华，自己只想好好接着拍电影，成为韩国电影界的楷模。

突然，他反问刘德华："我在韩国已经是楷模了，你在中国有怎样的地位呢？"

刘德华有一瞬间的惊讶，不过反应敏捷的他立刻回答："你确实是楷模了，但咱俩差不多，我是劳模。中国电影人都会像我一样勤奋，做个劳动的模范。"

在众多的媒体和观众面前，安圣基的问话令刘德华陷于尴尬的境地。倘若他也说自己是楷模，只会给媒体留下骄傲自大的印象，但假若说自己只是个"泛泛之辈"，又未免显得过谦，于是他拿自己和安圣基做比较，承认对方是"楷模"，接着话锋一转，说自己是"劳模"，巧妙地化尴尬于无形，寥寥数语就道出了自己事业屹立不倒的秘诀——勤奋，让观众和媒体被他的睿智所折服。

3.自我解嘲

自我解嘲是一种口才利器，能转移注意，增添情趣，对于化解尴尬更有奇效。

一节化学课，因为老师生病，一位年轻的实习老师临时代课。学生们都不听课，有看小说的，有趴在桌子上睡觉的，有悄悄地塞上耳机听歌的。

年轻的老师见怪不怪，仍然不紧不慢地讲着课。课讲到一半，老师一时兴起，准备在黑板上写一个公式，却不料被讲台绊了一下，差点儿摔倒。结果全班同学一下子找到了爆发点，哄堂大笑。讲台上的老师无可奈何地摇摇头，等大家笑过之后，他自嘲了一句："今天来给咱们班代课，没想到连这讲台也欺生。"学生们又一次大笑，笑过之后，教室里竟然慢慢地安静下来，后面的课堂纪律出奇地好。

这位年轻的实习老师很聪明，他很会打圆场。那句自嘲的话，虽然直指欺生的讲台，可是学生们不会不明白话中隐含的批评。你瞧，老师一句半开玩笑的话，既化解了尴尬，又巧妙地整顿了课堂纪律。这样做，比发一通火却遭到学生加倍起哄要理智、高明多了，效果也好多了。看来抓住时机，借自我调侃来化解尴尬，往往会起到意想不到的效果。

想要说服他人，先要说服自己

在生活中，女人应该如何利用口才和技巧去说服别人呢？说到底，还是一个"利"字，只要对自己有利的事情，人们都会去做。你要去做的，就是站在他人的立场，帮助别人实现他的利益，然后恰当地表达出来。

1.说明"不这么做的"后果，以利益来制约他

"直陈后果，以利制人"的方法，就是直接告知被说服者，不接受劝说，就会失去某种"利"，从而以一种强制性和不可抗

拒性使对方接受。

2.分析利弊，让对方权衡

直陈后果固然可以使人服从，但它只适用于那些比较顽固不化的人，对于大多数人来说，还是要使其主动听从说服者的意见。这就需要说服者从"利""害"两个方面阐明利弊得失，通过利与害的对比，清楚明白地分析出何为轻、何为重，向被说服者指出如何做更有利，提出更易于被说服者接受的合理的意见和主张。

3.结合情理，以利动人

著名体操运动员李宁，在"退役"时面临很多的选择：广西体委副主任职位诱人、外国国家队教练年薪百万美元、还有演艺界力邀李宁加盟、健力宝公司也有招募之意。

李宁举棋未定，于是健力宝公司总裁李经纬再次面见李宁。李经纬先谈起一个美国运动员退役后替一家鞋业公司做广告，赚钱后自己开公司，用自己的名字命名公司和鞋的牌子，最后获得成功的故事。

李宁听完后，若有所思。

接着，李经纬从李宁想办体操学校的理想入手，继续分析："要是你想靠国家拨款资助，不是不可以，但许多事情不好解决。与其向国家伸手，不如自己开辟路子。我认为你最好先搞实业，就搞李宁牌运动服吧。赚了钱，有了经济实力，别说你想办一所体操学校，就是办十所也不在话下。"这番话使李宁为之一动。

见时机已经成熟，李经纬提出："请你考虑一下，是不是到健力宝来？我相信只要我们携手合作，绝对不会是1+1=2这样简单的算术。从另一个角度说，就目前，恐怕也只有健力宝能帮助你实现这个理想。我那时创业，走了不少弯路，你不应该也不至于从零开始吧，那实在太难了。你到健力宝来，我们是基于友情而合作，健力宝也需要你这样的人。"

面对李经纬的热情、诚恳和一次极好的发展机会，李宁终于决定到健力宝去。

李经纬劝说李宁时，突出地表现了对李宁切身利益的关注，论证了李宁到健力宝公司的有利性，同时又充分表现了朋友般的拳拳之情，非常有人情味，从而打动了李宁，也实现了自己的劝说目的。

说话难免口误，绝处也能逢生

现实生活中，常常会有因说错话而陷入尴尬的情况。这种情形的出现或多或少会给人际交往带来负面影响。因而错话说出以后如何进行补救就显得尤为重要了。为了使自己的错误能够及时得以补救，创造良好的人际关系，最要紧的是掌握必要的纠错方法。

那么，当你出现口误后究竟如何逢凶化吉、巧妙补救呢？

1.将错就错法

准备不充分、说话速度快，容易口误；心情紧张、受个人阅历和学识程度的限制，也容易口误；有时即使自己认为是很精彩的遣词造句，但在特定的语言环境下也能成为"口误"。顺"错"补救，借助于对原句的增减，或对原句意思的重新挖掘，巧妙掩饰，则能"转危为安"，甚至妙趣横生。

2.借意转述法

如口误发生后没有及时化解，对方难以容忍，甚至局面有可能无法收场，这时你不妨借用另一层他类义项来诠释巧解因口误产生的"麻烦"，从而"死"里逃生，走出窘境。

3.借题发挥

就是错话一经出口，在简单的致歉之后立即转移话题，有意借着错处加以生发，以幽默风趣、机智灵活的话语改变场上的气氛，使听者随之进入新的情境中去。

4.自我解嘲

就是在错话出口之后，机智地将话题引向自己。通过自我批评来消弭对方的敌意，转移对方关注的焦点。这样做的好处是，能够不露痕迹地照顾到对方的自尊心，同时巧妙地使紧张的气氛得以缓和。

5.赞美对方

就是说错话之后，巧妙地通过赞美对方以达到自我解困的目的。俗话说："良言一句三冬暖，恶语伤人六月寒。"任何人都会反感恶语。适度的赞美既会令对方心生暖意，又会令自己摆脱语误的困境，何乐而不为呢？

有误会，要及时消除

误会给我们带来痛苦、烦恼、难堪，甚至会发展成预料不及的悲剧。所以，陷入误会的圈子后，必须调整自己，采取有效的方式解决，使自己与他人都尽快轻松、舒畅起来。那么，如何及时消除误会呢？

1.消除自我委屈情绪。心中怀有委屈情绪的人，必定不愿开口向对方做解释，这就会阻碍彼此的交流。要多替对方着想。无论他是气量小、心胸窄还是不了解真相、不了解你的一番苦心，都不必去计较，只要你真诚地向他表明心迹，那么误会便会消失。

2.摆正态度，正确认识。你不可能喜欢每一个人，所以也无法要求所有的人都喜欢你。我们所能做的就是与不喜欢的人和平相处，而对喜欢的人则要尽量维护友谊，避免不必要的误会和敌意。

3.找到误会的根源。如果你和朋友或者同事发生了误会，要看这误会的"结"发生在哪里，找到原因之后，再想办法及时解决。

4.战胜自己的懦弱，当面说清。误会的类型千姿百态、多种多样，但解决它的最简捷、最方便的方法便是当面说清。有的人由于懦弱，不敢当面对质，结果把问题搞得极为复杂。记住，如果有误会需要亲自向对方说明，千万不要找各种借口推脱，一定要克服困难，战胜自己，想方设法当面表明心迹。

5.选择好时机。解释缘由，消除误会，必须选择好时机。一定要考虑对方的心境、情绪等感情因素。可选择对方心情愉快、神经放松的时候，抓住这些时机表白，往往能得到对方的谅解，重归于好。

6.不要拖延，尽快解决。有人被误会搅得焦头烂额，总觉心中有难处，不好启齿，结果时间越拖越长，误会越陷越深，到最后无限制地蔓延，造成了令人极为苦恼的后果，反倒更加痛苦。所以，有了误会，要迅速解释清楚，拖得时间越长，就越被动。

7.请别人帮忙。人与人之间的误会常常是在工作中产生的，双方的误解涉及许多因素，一个人的能力可能有限，以致不能明白透彻，所以请他人帮忙也是很明智的方法。

说话不用太死板，模糊说话也可以

一般来说，在人际交往中，大家都力求把话说得简洁明快、清晰易懂。但是在特殊场合下，模糊朦胧、若即若离的语言反而更显诙谐幽默，散发出独特的魅力。

一次，在世界田径锦标赛上，我国女子铅球冠军隋新梅成为各国记者和教练员关注的夺标热点人物，不少人想方设法接近她，想从她嘴里探听情报。

对此，隋新梅并没有对记者避而不见，也没有保持沉默，而是大大方方，对记者的提问对答如流。有记者问她是怎样训练的，她说："我身上有很多伤，要靠脑子练。"另一名记者马上问："你身上都有哪些伤？"她说："好的地方少，伤的地方多。"又有记者问："谁是你的对手？"她答道："每个人都是。"

这里，隋新梅对记者们连珠炮般的提问都一一作答，但把每个答案内容都做了模糊处理，信息度为零，形成了"全答=没答"的奇妙等式，使得当时在场的外国记者和教练在大失所望之余，不得不赞叹这位中国姑娘迷人的风采和高超的应变能力。这就是典型的模糊语言。

在言语交际中，要做到信息量充分而恰当，恰到好处地完成交际任务，是要有一定智慧的。可是有的谈话者在交谈时，常常怕语不尽意，在必要信息已基本传达完以后，或仍然不放心地添上几句，或出于习惯，无意识地多言几句，从而造成偏离原有谈话方向、破坏原有谈话意图的负面影响。所以，为了避免这种得不偿失的情况出现，不妨把话说得巧妙而模糊。

语言模糊，不等于意思模糊。说话者之所以没有"开诚布公"，大多是为了避免双方陷入尴尬的处境，但说者和听者则都是心照不宣的。

重复练习，让你成为健谈的人

拉里·金是美国有线新闻网专栏节目《拉里·金访谈》的主持人。该栏目开办近十年来，先后邀请了3000位嘉宾到场，其中包括美国总统、演艺体育界明星，以及传媒所关注的热门人物等。因为这个节目紧密结合时事、主持人幽默风趣而成为此类节目中收视率最高者之一。

下面就是拉里·金的五条经验，能教会你在任何时间、任何地点与任何一个人展开有趣的谈话。如果你经常进行有意识的练习，交谈也许会变得容易一些。

1.不必过分斟酌字句

1957年的一个早晨，迈阿密海滩上有一家小电台，此前拉里·金一直在那里碰运气，希望有机会实现他的广播梦。电台经理很喜欢他的声音，但就是没有空缺。有一天音乐节目主持人辞职了，经理告诉拉里·金，从5月1日起接替他的工作。

整个周末拉里·金都没有合眼，一遍又一遍地背诵精心准备的解说词，到星期一早晨他的精神已近乎崩溃了。经理把拉里·金叫进办公室祝他好运，然后拉里·金就进了直播间。

上午9点钟，主题曲响了起来，拉里·金正襟危坐，调低音量以便开始开场白。可是他的嘴巴像棉花一样什么也讲不出来。于是拉里·金开大音乐再降低，可舌头还是不听使唤。如此重复了三次。听众们听到的只是一支曲子忽高忽低，声音很滑稽地变化着。

终于，气急败坏的经理一脚踹开了门，冲拉里·金喊道："这是一门与大众交流的行业！"然后摔上门走了。

在这一刻，拉里·金不知从哪里来了勇气，他凑近麦克风说道："早上好，这是我在电台工作的第一天，整个周末我都在准备台词，现在有点儿紧张并且口干舌燥。经理刚刚踢门进来告诉我'这是一门与大众交流的行业'。"

这样的开场白简直糟透了，但是拉里·金终于开了口，而且靠坦率赢得了听众，以后的节目都进行得非常顺利。

2.培养自己讲话的愿望

有过这样一段经历之后，拉里·金给自己规定要保持讲话的愿望，即使在不开心的时候也强迫自己做到这一点。因为它对于成为一个健谈的人十分重要。拉里·金在广播业取得成功的原因之一就是他热爱自己所从事的工作，这一点是装不出来的。

汤米·拉索达是洛杉矶职业棒球队的前经理。有一次他的球队在全国棒球联赛的复赛中惨败，之后拉里·金把他请到了直播间。从他的热情中你绝对看不出他的球队刚刚吃过一场败仗。当拉里·金问他为何能够如此乐观时，他说："生活中最美妙的事就是当一个赢球球队的经理，其次就是当一个输球球队的经理。"这种达观以及对事业的热情使他成为一个成功的球队经理。

3.不要忘记让对方说话

聆听会使你的讲话水平提高，如果能提出循循善诱的问题来，那就证明你已经是一个相当不错的交谈者了。

拉里·金每天早上都要提醒自己一下：今天我所说的任何内容都不会使自己提高，因为它们都是我所知道的，如果自己想学到东西，最好听听别人说些什么。

4.开阔你的视野

当拉里·金还是孩子时，母亲因为要工作，就请了年长的女人来当保姆。保姆的父亲参加过美国内战，她本人在小时候还见过林肯总统。通过和她交谈，20世纪的历史就像窗子一样在他面前打开了。

请记住，与有不同生活阅历的人交谈可以帮助你增长见识，并开阔你的思维空间。

5.营造轻松的谈话环境

拉里·金的交谈原则中非常重要的一条就是不要长时间地谈论一个严肃主题。事实上，在每次访谈中，他都尽力发现每个嘉宾幽默的一面，尤其是他们的自我解嘲。

歌星弗兰克·辛那特拉就是一个不怕亮家丑的人。在一次访谈节目中，他回忆起自己被喜剧演员唐·雷克斯捉弄的故事。当时两人都在拉斯维加斯的一家餐馆吃饭，雷克斯走过来请他帮个忙。

"弗兰克，你和我的女朋友打个招呼好吗？有这样一个大明星肯赏光她会很有面子的。"

"当然可以，把她叫过来吧！"

"如果你能亲自过去，她会更感动的。"

善良的弗兰克信以为真。过了一会儿，他穿过整个大厅来到雷克斯桌前，拍了拍他的后背说："见到你真高兴！"

没想到雷克斯扭过头说："走开，弗兰克，我们正谈私事呢！"

弗兰克讲起此事时津津乐道，仿佛是别人的笑话一样。他的这种风格不仅吸引了电视观众，更为他赢得了大批歌迷。

其实，不管你是面对1个人还是对100万人讲话，原则都是相同的。你要设法在你和他人之间建立起沟通的桥梁，表现出同情、热情和倾听的愿望，你就会成为一个健谈的人。

做一个妙语连珠的女人

在会议上、在谈判中、在日常生活里，如果将随意说出的话语稍加改变，或巧妙地添上那么一两句"妙语"，往往能让你增添吸引力。

那么，如何做一个妙语连珠的女人呢？

1.要敢于说话，展现自己的口才

记住：社会永远都不是"沉默是金"的社会。一定要表达自己的观点，或许不能说服别人，也一定要让他人知道你的想法。因为没有想法的人，在别人看来就是平庸之辈。观点是没有对错的，不要一味地回避。另外，不是每个人都能说出惊世骇俗的新道理，所以也不必担心自己说过的话已经是众人皆知的。

2.形象具体、通俗生动的语句，会给人留下难以忘却的印象

在我们的话语中，如果充满生动具体的语句，就会给人留下难以忘却的印象。因为那样会使听众觉得轻松，觉得新奇，继而眼前浮现出各种生动的形象，从而产生意想不到的效果。

3.适度自然地夹入专业词汇，会使你的形象得以改善

在谈话中适度、自然地引用一些具有专业或者文学色彩的词汇，会大大改善自己的形象。"味甘而补，味苦而清，药辛发散解表，药酸宁神镇静。任何事物都有它不同的特点，也有它不同的作用。"我们听到这样的话语会有什么样的感觉呢？我们一定这样认为：这个人不是医生，还懂得医药知识，真不简单，从而对该人的印象大为改观。

4.插上一句小幽默，会使你获得一个轻松的交谈环境

有人形象地比喻"幽默"，说它是生活中的小插曲、美花絮、鲜味精，说它是生活中的盐和水、社会矛盾的缓冲阀、人际关系的润滑剂、健康长寿的秘籍等。可见，幽默在话语中妙不可言。

5.说一句动情的话，胜过长篇大论

人并非全是理性思维，个人的心情有时支配自己的行动。说一句动情的话，胜过长篇大论。

第二章

和谁都能聊得来，情商高的女人会说话

女人开口之前要先看对象

"到什么山上唱什么歌"，与人说话也一样，见什么人说什么话。有的人觉得这是一种圆滑狡诈的说话方法，其实不然。我们并不是提倡两面三刀，人前人后不一样，而是说遇到不同性格、年龄和身份的人，要根据对方的不同需求，说出不同风格的话，只有这样，我们才能够进入到不同的人的内心，和各种各样的人做朋友。

因此，女人在开口前，一定要考虑到对方的身份、性格等诸多因素，合理选择自己说话的语气和方式，用不同的话语打动不同的人。

不同场合，说不同的话

在人际交往中，说什么、怎么说，一定要顾及场合环境，才有利于沟通。不顾及场合的心直口快是不值得提倡的。为了追求理想的表达效果，对于心直口快者来说，起码应注意这样几个问题：

首先，场合意识要在心理上强化。有些人在交际中主观上缺乏场合意识，对人说话直出直入，惹人厌烦恼怒，常常把事情办砸。也许他们对人很诚实，但是遇事时往往只从个人主观感觉出发，以为只要有话就应该说，心里有什么嘴上就说什么，不管什么场合环境都往外说，结果有意无意地冒犯了人，自己还莫名其妙，不知道毛病出在哪里。有些人说话之所以惹恼人，并不是他们不会说话，而是场合观念淡薄，头脑中缺乏这种意识。所以，对于这些人来说，当务之急在于增强场合意识，懂得不同场合对说话内容和方式的特定限制与要求，时时不忘看场合说话。应当努力做到在每次参加交际活动时，要把场合大小、人数多少及其相互关系搞清楚，据此确定自己的说话内容和方式。在具体说法上，既要考虑自己的交际目的，又要顾及他人的"场合心理"，追求主客观的高度一致。

其次，要善于控制不良情绪。经验证明，人们忽略场合因素，造成语言失控，还常常发生在情绪冲动之时。比如，有的人喝酒之后，或遇到兴奋事情时，情绪十分激动，甚至忘乎所以，不能自控，便会说出一些与场合气氛不协调的话来，造成不良后果。

最后一点，要自觉摆脱谈吐上的惯性。人们的言行往往带有一定的习惯性。有些不当的话语并不是主观上想这样说，而是受习惯的支配一不留神顺嘴溜出来，造成与场合环境的不协调，事后连他们自己也感到后悔。所以，心直口快的人必须有意识地摆脱自己口语表达上的惯性，养成顾及场合、随境而言的良好表达习惯。

总之，场合不同，氛围不同，人们的心情也不同。因此，我们在交际场合中要善于察言观色，以免引起他人的厌恶或反感。个人在交谈中要区分不同的语言风格，在什么场合说什么话，倘若你这样做了，你就会成为一个受欢迎的、聪明可爱的女人。

学会察言观色

李续宾是曾国藩手下的一名爱将，是一个非常善于观察并揣测人们内心想法的人，深得曾国藩喜爱。一次，曾国藩紧急召集部下开会，在谈及当时的军事形势时，曾国藩语重心长地说："众所周知，洪秀全自长江上游挥兵东进，占据江宁，因此江宁上游一带可谓洪秀全之重地。现在我们已分别占据了湖北和江西，依我看，倘若皖省收复……"正说到这里，坐在一旁的李续宾立时起身，直言道："以您的意思，我们应该进攻安徽？"听完李续宾的发言，曾国藩喜出望外，"对！续宾所言极是，为将者，最重要的就是要有战略眼光，如此才算有大将风范。在这一点上，续宾无疑要比在座的各位略高一筹呀。"

李续宾并不见得拥有如此长远的眼光，但善于观察，善于捕捉时机和细节，在曾国藩最需要支持和呼应的时刻，他第一时间站了出来，这种机敏和果决很好地迎合了曾国藩，让曾对李续宾刮目相看。

女性感性超过理性，因此在通过客观事实推理方面有一定劣势，但是女性直觉比较准确，能够通过对方的音调感觉出对方的情绪的隐含意思。因此，女士们要善于运用自己的优势，细心一点儿，通过说话者的言语判断出对方的性格、心理状态以及隐含意思。如果你能够准确理解对方的话语，你在与人交流的时候就能够少走弯路。

女人要善于打圆场

生活中，每个人都难免会遇到一些让自己下不来台的事情。在这种情况下，多数人都希望别人为自己打圆场，让严肃、紧张、尴尬的气氛变得轻松，让自己挽回失误。女性心细，更能够察觉气氛的微妙变化，因此，女士们要善于运用自己的优点，善于为你周围的人解围、打圆场。如果你能够帮助别人挽回面子，别人当然会对你心存感激。

当我们的朋友或者同事不注意言辞说了前后矛盾的话，或者做了什么不合适的事情，他们都会陷入僵持、尴尬的局面，这时候，他们就需要我们帮他们缓解气氛。若想要拥有良好的人际关系，就必须要懂得方圆之术，掌握打圆场的技巧。什么是打圆场呢？其实有点儿像是找借口，不过是帮别人找借口，将别人的失误理由说得不露痕迹，这就是打圆场。

实际上，女人在日常交际中，需要灵活应变地打圆场的事往往很多。有时要为自己的过失打圆场，有时要为朋友或者同事的过失打圆场。说好了，大家都好；说不好，不仅不能息事宁人，还可能火上浇油，扩大事态。所以我们在打圆场时，一定要用理解的心情，找出尴尬者陷入僵局的原因，想出好的圆场办法，最终达到和平解决问题的目的。

怎样接近爱慕虚荣者

齐国有一个人，家里有一妻一妾。这个人比较爱面子，经常向他的妻妾表现自己。他每天都出去，晚上醉醺醺回来，并告诉妻妾，说自己是和一些有钱有势的人吃饭去了。

时间久了，他的妻妾不相信。他的妻子告诉他的妾说："丈夫出门，总是酒足饭饱地回来；问他和些什么人一道吃喝，据他说来全都是些有钱有势的人，但我们却从来没见到什么有钱有势的人物到家里面来过，我准备跟着他出去看看。"

第二天早上，丈夫出门的时候，她便悄悄跟在后面。但是，她看到丈夫走遍全城，也没有一个人站下来和丈夫说过话。最后，她的丈夫走到了东郊的墓地，向祭扫坟墓的人讨了些祭品吃，没吃饱，又去别的地方找吃的。原来，他就是这样吃得酒足饭饱的。

他的妻子非常失望。但是，丈夫还不知道自己露了底，仍旧得意扬扬地从外面回来，在他的两个女人面前摆威风。

这个齐人就是典型的爱慕虚荣。现实中，很多男性或多或少都有一些类似的心态，这都是大男子主义在作怪。想要影响或者规劝你身边爱慕虚荣的人，你首先要学会接近这一类人。而提到与爱慕虚荣者建立关系，还有比迎合他们的虚荣心更好的方式吗？即使只是在某种程度上迎合。

比如你可以说："是啊，你确实很厉害，我也想了解一些，你能给我具体讲讲吗？"

让他们高兴和满足了，你也就更容易走近他们，而他们也会乐意向你展现自己为很多人所不知的一面。爱慕虚荣者就是这样，只要你满足了他们，让他们获得了虚无的荣耀感，他们就会情不自禁地放下心中所有的戒备，与你成为好朋友。

当然了，接近爱慕虚荣的人并不是目的，如果你一味迎合他们、夸赞他们，你就只能算是一个损友。我们在与他们熟悉之后，要一步步引导他们，让他们更加务实一点儿，成为我们身边得力的朋友。

每个人身边都不乏虚荣自夸的人，我们不能简单地疏远他们，也不能一味称赞他们，而是要运用合适的语言同他们交流。既能够和他们做朋友，又不被他们影响到。

用正直的言辞应对搬弄是非者

人们应该相互信任，这是我们都希望看到的事情，但社会现实却决定了我们必须时刻保持谨慎和小心，凡事留一手，不要轻易地就放下自己所有的心理防御，不要轻易与对方掏心掏肺，不要将自己的秘密和盘托出，不要被表象蒙蔽。和任何一个人交往，你都要留出足够的时间熟悉对方，避免刚刚认识两天就视对方为莫逆之交，无忧不谈，无愁不叙。

认识到了上面的几点，我们就可以采取一些更有针对性或者说更有效的交流方式和原则，面对搬弄是非者了。

首先，要想让搬弄是非者无可乘之机，最好的方式就是让自己的言语正直，"不做亏心事，不怕鬼敲门""身正不怕影子斜"，其实都讲了这样一个道理。没有了把柄，搬弄是非者也就无计可施了，这是最根本、最行之有效的方式。当然，一个人不可能是十全十美的，我们或多或少都会有一些缺点和瑕疵。但清者自清，浊者自浊，只要保证自己说出的话在原则上是正大光明的，即使把柄真的落到搬弄是非者手里，留给他们的可操作空间也非常有限。

其次，要拒绝迁就，做到零容忍。当搬弄是非者在你面前肆意渲染事实真相抑或诋毁他人时，要第一时间制止他，你应该尽力地说服他改变这种陋习。搬弄是非者通常更关心他人的缺点和不足，并将其放大。这时，你可以顺着他们的意思走，承认对方的缺点，然后再充分肯定对方的优点，最后反戈一击，说明搬弄是非者在评价他人缺点时的过分之处。如此一来，时间久了，搬弄是非者会逐渐意识到自己错误的认知方式，并做出改变。再者，你果断地表明自己与搬弄是非者的对立性，也可以让你免去很多不必要的麻烦和纠缠。和搬弄是非者待在一起，本身就是一件有风险的事情，一旦无法和他们保持一个明确的关系，你和他们很可能成为别人眼中的同流合污者。

再次，和他们在一起，要学会沉默。改变不了他们，那我们就沉默好了。"闲谈莫论人非"，不要有事没事地就议论别人的是非，尤其在你面前站着一个守不住嘴的人时；至于直接关系到自己利益的话题，就更不要轻易地提及了，不要干自己出卖自己的傻事，更不要怀疑一个搬弄是非者的能力。

当然，在与这类人具体的交流过程中，你也可以掌握一些方法和原则。譬如，只谈问题，不谈关系，有事儿说事儿，有问题处理问题，始终本着公平公正的原则，一切关系靠边站。再譬如，只论公事，不聊私事，尤其在工作时，工作就是工作，跟个人琐事没有关系。

用热情开朗的言语接近内向者

就人的性格分类来说，一种非常笼统但常见的方式就是分为内向型和外向型两大类。通常，外向的人主动、灵活、阳光，处事机敏，审时度势；而内向型的人则情感细腻、不善言辞、神经敏锐。审视一下你周围的人，一定不乏内向者，我们不能孤立他们，让他们陷入孤独，而是应该主动与他们交谈，让他们卸下防备，成为我们的好朋友。

在接近陌生人、与陌生人交流方面，女人有着巨大的优势。因为女性一般会让人觉得比较安全无害，多数人对于女性不会有很强的戒备心。因此，女人要利用自己的优势，用热情的言语感化身边内向的人，在帮助他们的同时，扩大自己的交际圈。

外向型的人更倾向于通过外部世界实现自我价值，而内向的人则更倾向于通过自我而非外界达成自己的目标和需求。内向者的快乐和幸福，更多地由自己的内心生发，而非依赖于别人的认可和赞许。他们拥有自己的生活理念和方式，很少因为外界的改变而动摇自己的价值观，他们富有理想，追求个性，对事物的认知深入而独到，坚忍不拔，为了实现自我目标，常常不辞辛苦与折磨。

因此，要想进入内向者的内心，让他们敞开心扉或者对你产生好感和依赖感，我们首先应该尽量纠正对他们的偏见和错误认知。他们虽然不善言谈，但绝对不是冷漠者；他们虽然为人低调，但绝对不是自暴自弃者；他们处事优柔，但并非反应迟缓。甚至于说，他们虽然喜欢独处，但并非对外界没有渴望，一个人再独立再自我，也不可能完全隔绝对群体的依赖与需求，他们只是缺乏积极主动的心态，将自己的需求收敛在一个相对较小的空间里。

　　显然，在与性格内向者相处和沟通时，我们要有积极主动的心态，发挥女性温柔热情的特点，用热情打动对方，用温暖让内向者冰封的情感解冻。通常，内向的人都不喜欢说话，即使面对自己非常关心和希望理解的问题也是如此。因此，你要时刻保持热情关切的心态，最大限度消除他们的恐惧和顾忌心理，主动提出解决问题的可能性，并征询他们的意见，做到循序而善诱。同时，对于他们的观点和想法，我们要给予足够的肯定和支持，让他们真切地感受到自己受到了重视，这样，才会让他们视你为一个理想的听众，并慢慢地向你敞开心扉。

　　性格内向的人情感细腻，对于细小事物的观察十分深入，但这也导致了他们容易产生遐想和猜疑，常常因为说话者的一些无心之失而浮想联翩，最终与对方产生隔阂或者产生抗拒心理。因此，要想打动内向者，我们要十分注意自己的言行，不该说的话绝对不说，有歧义的话也尽量避免，时刻做到尊重对方、理解对方，杜绝以任何一种方式调侃、嘲笑他们。学会换位思考，多从对方的角度分析思考问题，言辞要恳切，语气要和缓，切忌躁动粗犷的交流方式。

　　要善于观察和理解，即使做不到，至少也让自己尽可能地朝着这个方向努力。内向者不善通过语言表达自己的想法，但他们会通过肢体动作、表情等间接的方式传达很多有价值的信息，不要总是觉得他们的某个动作是没有意义的，内向者非常善于利用眼神、动作等传递自己的立场。如果你无法读懂并利用他们的潜在信息，也就很难在彼此的交往中处于主动的地位。

　　试图更清楚、更透彻地了解一个人，是走入一个人内心并获取他理解和支持的途径之一，对于一个内向者，这一点尤为重要。通常，我们之所以对一个内向者感到手足无措，难以和他们成为朋友乃至知己，正是因为对他们了解不够。因此，抓住所有的机会了解他们，不管是用直接的还是间接的方式。你了解他，才能够更有效地和他沟通和交流，哪怕是刻意地投其所好，你也会比别人更有优势。熟悉彼此，是缩短两人感情的最短途径之一，会让你们最大限度地发掘彼此的共同点，并在这个基础上建立更深刻的关系。

　　耐心是走近内向者的必要途径之一，相对于性格开朗者，和内向者交往是一个"慢工出细活"的过程，小火慢炖才能煨出友谊和信任。和他们交往，要戒骄戒躁。他们说话时，你耐心听；他们不懂时，你要耐心解释，这其实很容易做到，因为这无关技巧，而只需要一种态度。但这足以让他们悬着的心迅速放下来，而且是以"软着陆"的方式。

　　总之，面对内向者，顺应他们的心理是十分必要和可取的：

他不喜欢说话，就不要把他推上演讲台；他不苟言笑，就不要用一些无聊的笑话逗他；他不喜欢受人指挥，就不要在他面前指指点点。让自己安静下来，他也就会自然地和你靠近了。

用温暖的言语打开孤僻者的内心

生活中，孤僻者是一个令很多人都感到头疼的群体。他们离群索居，独来独往，自我禁锢，对他人怀有较强的戒备心理，整日笼罩在焦躁烦躁的情绪中，郁郁寡欢。他们以自我为中心，凡是和自己无关的事情，很少主动插手。这种人在与人交往时也谈不上热情和活跃，自始至终都给人一种不舒适的感觉，他们行为孤僻、矫揉造作，甚至看起来还有点儿神经质。

和这种人交往，尤其是在刚刚接触他们时，你会自然不自然地有一种压抑和恐惧心理，因为他们的行为举止总是脱离常规，整个人看起来也忽冷忽热、神神秘秘，给人一种无法掌控和无法揣摩的感觉。

女性多数性格比较温和，能够给人一种母性温柔的关怀，因此，女性如果能发挥自己的特点，能更加轻易地打开孤僻者的内心，同他们做朋友。

通常，孤僻者性格的形成，更多的是因为受到后天性的影响而逐渐形成的，特别是主客观环境中的负面因素，在孤僻者的性格形成过程中起到了非常大的作用，譬如家庭暴力，来自社会的各种讥笑、嘲讽、指责等。总之，心理上的创伤和挫败感是造成一个人性格孤僻的主要诱因之一。但这里需要指出的一点是，孤独者和孤僻者是完全不同甚至截然相反的两类人。本质上讲，孤独者渴望外界干预和影响，而孤僻者却拒绝外界的干预和影响。我们可以根据孤僻者的性格成因及特点，做出积极主动地整改和补救措施，以获取他们的感动与信任。

性格孤僻的人不善于与人交流，缺乏交际能力与技巧，即使面对自己非常想了解或者探讨的话题，也常常开不了口。这时，你就应该成为彼此交流的发起者和实际操控者，学会主动地寻找话题，并认真观察对方的言行反应。通常，只要你的观点和论述触及他们的兴趣和喜好，他们肯定会表现出与平时相比更积极主动的一面。这时，你要以此话题为契机，深入全面地探讨下去，这非常有益于消除对方的抵触和戒备心理，让他们变得健谈开朗起来，至少与你在一起时如此。而且，探讨双方都有兴趣的话题，会帮助你们发掘更多的性格和价值观念的共同点，"物以类聚，人以群分"，如果让对方在你身上找到足够的共同点和类似的喜好，想不让他们与你亲近并且信赖你都难。

另外，性格孤僻者往往情感细腻，对外界的反应非常敏感，这也直接导致他们总是喜欢胡乱揣测别人的"居心"，总是试图通过你的一句话或者一个动作表情发觉"隐含信息"。因此，在与他们的交流过程中，我们要格外留心和谨慎，不要因为自己的无意之失，让即将到手的成果瞬间散掉。讽刺性甚至包括刺激性的言语都要尽量避免，容易让人产生联想猜疑的事件、绰号等也最好从你的话语中剔除出去，时刻注意你的措辞、口气以及举止神情。这一点儿都不难也一点儿都不过分，你只要意识到站在你旁边的人，是一个稍稍异于其他人的听众和观众就好了，你只需要意识到这一点，并将这种认识贯彻到你的言语中去就好了。

第三章

女人做事有尺度，说话有分寸

话多不如话少，话少不如话好

俗话说："话多不如话少，话少不如话好。"话多的人不一定有智慧。不要一上来就开始你的"牢骚"，唠叨往往会破坏你的好人缘，也会给别人带来很不好的影响。如果有什么不满的地方，先创造一个尽可能和谐的气氛。做错事的一方，一般都会本能地有种害怕被批评的情绪，如果很快地进入正题，被批评者很可能会产生抵触情绪。即使他表面上接受，却未必表明你已经达到了目的。所以，先让他放松下来，然后再开始你的"慷慨陈词"。

所以，一般人就有"知己难得"的感叹。善于跟别人交谈的人是很善于适应别人的。只有把话说到对方的心坎上，才能给交际架起绚丽的彩桥。

说服别人时，要给对方台阶下

女人在说服别人的时候，一定要为对方留足情面，不要让别人下不来台。这时候如果能巧妙地给人台阶下，就可以为对方挽回面子，缓和紧张难堪的气氛，使事情能顺利进行。要达到这样的目的，女人就应该学会使用下列技巧，在说服别人时给对方台阶下。

1.给对方寻找一个善意的动机

有一位老师曾经讲过这样一个故事：一天中午，他路过学校后操场时，发现前两天帮助搬运实验器材的几位同学正拿着一枚实验室特有的凸透镜在阳光下做"聚焦"实验。当时那位老师就想：他们哪来的透镜？难道是在搬迁时趁人不备拿了一枚？实验室正丢了一枚。是上去问个究竟还是视而不见绕道而去？为难之时，同学们发觉了那位老师，从同学们慌张的神情中老师肯定了自己的判断。当时的空气就像凝固了似的，但是这位老师很快想出了一条妙方，他笑着说："哟，这凸透镜找到了！谢谢你们！昨天我到实验室准备实验，发现少了一枚，我想大概是搬迁过程中丢失了，我沿途找了好几遍都未能找到，谢谢你们帮我找到了。这样吧，你们继续实验，下午还给我也不迟。"同学们轻松地点了点头，一场尴尬就这样被轻松解决了。

这位老师采用了故意曲解的方法，装作不懂学生的真实意图，反而说是他们帮助自己找到了凸透镜，将责怪化成了感激，自然令学生在摆脱尴尬的同时又羞愧不已。

2.将过错推给不在现场的第三者

一位女顾客在某商场给丈夫购买了一套西服，回家穿后，丈夫有点儿不大喜欢这种颜色。于是，她急忙包好，干洗后拿商店去退货。面对服务员，她说那件衣服绝没穿过。

服务员检查衣服时，发现了衣服有干洗的痕迹。机敏的服务员并没有当场找出证据来拆穿她，因为服务员懂得一旦那样说，顾客会为了顾及自己的面子，坚决不承认的。这位服务员就为顾客找了一个台阶。她微笑着说："夫人，我想是不是您家的哪位搞错了，把衣服送到洗衣店去了？我自己前不久也发生过这类事，我把买的新衣服和其他衣服放在一起，结果我丈夫把新衣服送去洗了。我想，您大概是否也碰到了这种事情，因为这衣服确实有洗过的痕迹。"

这位女顾客知道自己错了，并且意识到服务员给了她台阶，于是不好意思地拿起衣服，离开了商场。

奉承男人的技巧

和男人交谈时，心里不要总想着决不随便向男人让步，这样太固执了反而得不到他的尊重。只有当你放弃这种可以引发"战争"的态度，你才能真正获得快乐。

聪明的女人和男人交谈时，不是短兵相接，而是自由自在地交谈。聪明的女人不会等待，她会把和男人约会、谈话当成一种乐趣。刚开始交谈时，最好的策略是不要直接提到"你个人"，而要提那些你们都知道的东西，即你们的"共同焦点"。当你自然地使一场约会对话开始之后，你就进入了一场收集微妙语言的"阵地战"。

这是迷宫一般的交谈阶段，你们彼此都巧妙地诱使对方打破坚冰，从而进行顺畅的对话。这时你的话最好是实事求是的，只有真实才最引人注目，最有效的谈话是真诚的对话。

幽默的女人方可笑傲江湖

幽默的女人是自信的，因为幽默有时就是一种自嘲。一个姿色平庸的女子若是能将自己的外表当作玩笑，那么，可以肯定她已经可以正视自己，而且，她的身上肯定还有更多让她引以为豪之处。

不懂幽默的女人，就像绿叶中缺少红花一样没有情致。女人如何让自己变得幽默，以下几点可供参考：

1.注意丰富自己的幽默资料。看多了，听多了，模仿多了，就会把幽默感转化为一种自然而然的本领。有道是"熟读唐诗三百首，不会作诗也会吟"，就是这个意思。

2.注意从别人的大量幽默语言实例中启发思路。运用幽默语言，要会借题发挥、旁征博引，要反应敏捷、思路明快，这些从幽默语言实例中都能体验出来。

3.多找机会应用。实践出真知，书上的幽默语言、幽默故事也能内化为自己独特的品位和修养，只有在实践中练习和运用，才能积累出信手拈来的素材。而且，在实践中练习和运用幽默语言，既能加深对幽默的理解，也能有效提高使用幽默语言的水平。

4.幽默不是目标而是手段。不能为幽默而幽默，一定要具体语境具体分析，选用恰当的幽默话语。否则，故作幽默，反而会弄巧成拙。

能言善道，让口才为魅力加分

无论是在工作、生活，还是在商界中，一个拥有出色的说话办事能力的女人都是具有非凡魅力的，这种魅力足以让她吸引更多人的注意，从平庸中脱颖而出。因此，一个能说善道的女人，内心会散发出更多的优雅与自信，不但在社交场合中受人欢迎，获得别人的好感与赞赏，而且在个人事业上也会获得意想不到的成就。所以，女人一定要锻炼好自己的语言能力，让口才为自己的魅力加分。

1.交谈要有好话题

当你在路上遇见一个朋友或熟人的时候，一时找不到开场白，找不到好的话题来交谈，那实在是一个相当尴尬的局面。为了你的快乐与幸福，谈话的艺术，是不可不被注意的。首先要选择一个比较适合双方谈话的话题。

话题即谈话的中心。话题的选择反映着谈话者品位的高低。

选择一个好的话题，使双方找到共同语言，预示着谈话成功了一半。

2.交谈时要有好态度

一个人要是没有好的态度，别人就会讨厌他、避开他、不愿和他谈话，这样的人只会越来越被孤立，慢慢失去自己的朋友圈。

那么，什么才是好的态度呢？

（1）对别人表示友好。如果你对人表现出不屑的神情，对他们所谈的话表示冷淡或鄙视，那么，对方与你交谈的兴致也就消失了。无论别人说的话你喜不喜欢听、同意不同意，对于他个人还是应该表示友好的，一定不要把消极的情绪写在脸上。

（2）对别人的谈话表现得有兴趣。在别人讲话的时候，要很专注地望着他，如果你东瞧西看，或是玩弄着别的小物件，或是翻弄报纸、书籍等，别人就会以为你对他的话不感兴趣。这时，交谈就不能继续，而关系也就受影响了。

（3）谦虚有礼。谦虚有礼不是一种虚伪的客套，更不是说一些不着边际的客气话。谦虚有礼，一方面真诚地尊重对方，关心对方的需要，尽力避免伤害对方；一方面严格要求自己，能对自己的意见与看法带着一种"可能有错"的保留态度，虚心听取别人的意见。

（4）轻松、快乐、富有幽默感。真诚温暖的微笑、快乐生动的目光、舒畅悦耳的声调，就像明媚的阳光一样，可以使谈话进行得生动活泼，使大家谈笑风生、心旷神怡。

富于幽默感的人，常常能使人群充满欢声笑语，有时，一个笑话或是一两句妙语，就能驱散愁云，消除敌意，化干戈为玉帛。

3.交谈要恰到好处

交谈要恰到好处，就是说既要不亢不卑，又要热情、谦虚，富有幽默感，这样的谈吐才能给别人留下深刻的印象。

女人在交谈时态度诚恳、亲切，是很受别人重视的。如果你碰到一个油腔滑调、说话不着边际的人，你一定会觉得非常不舒服，甚至会反感。因此，在社交的谈话中须特别注意。好的口才不仅能够营造一个好的沟通氛围，也能更巧妙地展现出自己的魅力。

不会说恭维的话，就学会倾听

倾听是一种动听的语言，倾听是对别人最好的一种恭维，很少有人拒绝接受专心倾听所包含的赞许。刚踏入社会的女人，如果你不能像别人那样，说出很多恭维的话，让对方开心，也可以做一个会倾听的女人，善于倾听，就会让你处处受欢迎。倾听同样可以让你成为一个有魅力的女人。因为懂得倾听的女人，能够给予别人足够的重视，让对方感受到心理上的满足。另外，懂得倾听的女人，往往表现出大度与接纳，散发出女人特有的温情魅力，更容易受到倾诉者的欢迎。

⊙做一个会表达的女人⊙

1.倾听时要有良好的精神状态

良好的精神状态是倾听的重要前提，如果倾听者精神萎靡不振，是不会取得良好的倾听效果的，它只能使沟通质量大打折扣。良好的精神状态要求倾听者集中精力，随时提醒自己交谈到底要解决什么问题；听话时应保持与谈话者的眼神接触，但对时间长短应适当把握。如果没有语言上的呼应，只是长时间盯着对方，那会使双方都感到局促不安。

2.使用开放性动作

开放性动作是一种信息传递方式，代表着接受、容纳、兴趣与信任，意味着控制自身的偏见和情绪，克服思维定式，做好准备积极适应对方的思路去理解对方的话，并给予及时的回应。

热诚地倾听与口头敷衍有很大区别，前者是一种积极的态度，传达给他人的是一种肯定、信任、关心乃至鼓励的信息。后者则相反。

3.及时用动作和表情给予呼应

作为一种信息反馈，沟通者可以使用各种对方能理解的动作与表情，表示自己的理解，传达自己的感情以及对于谈话的兴趣，如微笑、皱眉、迷惑不解等表情，给讲话人提供相关的反馈信息，以利于其及时调整。

4.适时适度地提问

沟通的目的是为获得信息，是为了知道彼此在想什么，要做什么。通过提问可获得信息，可以从对方回答的内容、态度等其他方面获得信息。因此，适时适度地提出问题是一种倾听的方法，它能够给讲话者以鼓励，有助于双方的相互沟通。

5.要有耐心，切忌随便打断别人讲话

有些人话很多，或者语言表达有些零散甚至混乱，这时就要耐心地听完他的叙述。即使听到你不能接受的观点或者某些伤害感情的话，也要耐心听完，听完后才可以表达你的不同观点。当别人流畅地谈话时，随便插话打岔，改变说话人的思路和话题，或者任意发表评论，都是一种没有教养或不礼貌的行为。

寒暄是打开话匣子的钥匙

刚踏入社交圈的女人，在与陌生人交谈时总会不知所措，不知道用什么样的开场白合适。其实，寒暄就是交谈的润滑剂，它能在陌生人之间架起友谊的桥梁。由于两人初次见面，对彼此都不太了解，往往会陷入无话可说的尴尬场面。这时我们不妨以寒暄开头，比如，"天气似乎热了点儿！"或者"最近忙些什么呢？"等等。虽然这些寒暄大部分并不重要，然而，正是这些话才使初次见面者免于尴尬。

在别人伤口上撒盐，苦的是自己

女人在说话时，经常会因口无遮拦而触碰到别人的痛处，为自己的人际关系埋下隐患。赞美人本应算好事，但若心直口快，犯了忌讳，好事也会变成坏事。即使赞美者和受赞者关系十分密切，也要注意，不能一时兴起就不管"三七二十一"了，别人有点儿错误，就揪住不放；如果牙尖嘴利地在别人伤口上撒盐，最后吃不了兜着走的可能是你自己。

女人，说话之前一定要三思而后行，在与人交谈时必须注意以下几点：

1.不要当众揭人的短。谁都不愿把自己的短处或隐私在公众面前"曝光"，一旦被人曝光，就会感到难堪而恼怒，甚至会迁怒于人。因此在交往中，如果不是为了某种特殊需要，一般应尽量避免接触这些敏感区，以免使对方当众出丑。必要时可采用委婉的话暗示你已知道他的错处或隐私，让他感到有压力而不得不改正。知趣的、会权衡的人只需"点到为止"，一般是会顾全他人的脸面而悄悄收场的。当面揭短，对方说不定会恼羞成怒，或者干脆耍赖，令局面难堪。至于一些纯属隐私、非原则性的错，最好的办法是装聋作哑，就当不知道，千万别去追究。

2.不要故意强调和张扬对方的失误。在交际场上，人们难免碰到这类情况：讲了一句外行话，念错了一个字，搞错了一个人的名字，被人抢白了两句等。对方本已十分尴尬，生怕更多的人知道。作为知情者，一般说来，只要这种失误无关大局，你就不必大加张扬，故意搞得人人皆知，更不要抱着幸灾乐祸的态度，拿人家的失误来做笑料，显示你的聪明。因为这样做不仅对你无益，而且还会伤害对方的自尊心，你也可能因此多了一个怨敌，少了一个朋友。同时，这也有损你自己的社交形象，人们会认为你是个刻薄的人，会对你反感、有戒心，因而敬而远之。所以强调他人的失误，实在是一件损人而又不利己的事。

3.给别人留余地就是给自己留余地。在社交场合中，有时会遇到一些竞争性的文体活动，比如下棋、乒乓球赛等，尽管只是一些娱乐性活动，但人的竞争心理让人总是希望成为胜利者。一些"棋迷""球迷"就更是如此。有经验的社交者，即使在自己取胜把握比较大的情况下，往往也不把对方搞得太惨，而是适当地给对方留点儿面子，让他也胜一两局。尤其在对方是老人、长辈的情况下，你若图一时之快，让他狼狈不堪，丢了面子，有时还可能引起意想不到的后果，让你无以应对。

其实，只要不是正式比赛，作为交流感情、增进友谊的文体活动，又何必酿成不愉快的局面呢？在其他事情上也一样，集体活动中，你固然多才多艺，但也要给别人一点儿表现自己的机会。口下留情，脚下有路，不要轻易在别人的伤口上撒盐，不然最终苦的是自己。

委婉含蓄，学点儿语言"软化"术

现代文学大师钱锺书先生，是个自甘寂寞的人。居家耕读，闭门谢客，最怕被人宣传，尤其不愿在报刊、电视中扬名露面。他的《围城》再版以后，又被拍成了电视剧，在国内外引起轰动。不少新闻机构的记者，都想约见采访他，均被他执意谢绝了。一天，一位英国女士好不容易打通了他家的电话，恳请登门拜见他。他一再婉言谢绝没有效果，就妙语惊人地对英国女士说："假如你看了《围城》，像吃了一只鸡蛋，觉得不错，何必要认识那个下蛋的母鸡呢？"洋女士终被说服了。

钱先生的回话，不仅无懈可击，又别有深意，令人回味。

委婉含蓄主要具有如下三方面的作用：第一，人们有时表露某种心事，提出某种要求时，常有种羞怯、为难心理，而委婉含蓄的表达则能解决这个问题。第二，每个人都有自尊心。在人际交往中，对对方自尊心的维护或伤害，常常是影响人际关系好坏的直接原因；而有些表达，如拒绝对方的要求、表达不同于对方的意见、批评对方等，又极容易伤害对方的自尊。这时，委婉含蓄的表达常能达到既完成任务，又能维护对方自尊的目的。第三，有时在某种情境中，例如碍于某第三者在场，有些话就不便说，这时就可用委婉含蓄的表达方式。

这便是说话委婉含蓄的美妙之处。

使用委婉含蓄的话时要注意，委婉含蓄不等于晦涩难懂，它的表现技巧是建立在让人听懂的基础上的。如果说话晦涩难懂，便无委婉含蓄可言；如果使用委婉含蓄的话不分场合，便会引起不良后果。运用方圆之道，要切记掌握好语言的"软化"艺术。

从场面话里听出点儿"门道"

男人的场面话，女人有时需要细细揣摩，不然就会给自己带来不必要的困扰。男人都有很强的自尊心，有的男人还喜欢说场面话，来提升一下自己在别人心目中的形象。如果你不能从他们的场面话里听出其真实的意图，或者天真地将场面话信以为真，就可能经常曲解他们的意思，使自己处于被动的地位。如果对那些场面话抱有太大的希望，时时放不下，就会影响自己的心情。比如，一个小气的男同事，经常抛出社交辞令客套邀约："哪天我请大家吃饭！"如果你真对这顿饭抱有希望，最终必然会失望。

男人的场面话有的是实情，有的则与事实有相当的差距。听起来虽然不实在，但只要不太离谱，听的人十之八九都会感到高兴。诸如"我全力帮忙""有什么问题尽管来找我"等，有的人经常把这些话挂在嘴边，因为他们觉得，当面拒绝别人自己会很没面子，所以用场面话先应付一下，能帮忙就帮忙，帮不上或不愿意帮忙就再找理由。

因此，对于男人拍胸脯答应的场面话，你只能持保留态度，以免希望越大，失望也越大。因为人情的变化无法预测，你既测不出他的真心，只好先做最坏的打算。

总之，女人对于男人的场面话，一定要保持清醒的头脑。对于称赞、同意或恭维的场面话，也要保持冷静和客观，千万别因男人的两句话就乐过了头，从而影响你的自我评价。要知道，场面话里有门道，女人不要太计较，不然最后受伤害的还是自己。说场面话只是一种交流技巧，会听才是大智慧。

说话别说绝，给别人留点儿余地

在工作和生活中，我们随时都会遇到一些人，说了对不起自己的话或做了对不起自己的事。这时，我们应当怎么办呢？

1.委婉地提醒对方

当同事、朋友、亲人说了一些对不起自己的话时，可以旁敲侧击、委婉地提醒对方，给对方造成一定的心理压力，让对方意识到自己的过错，但要把握一个度，点到为止。

2.用客气、礼貌的言语感染别人

生活中，有些人对言语方面没有太多的忌讳，想说什么就说什么。当遇到这种人时，没有必要用过于激烈的言语讽刺对方，这样很可能出现不愉快的场面，甚至有大打出手的可能。此时，可以用客气、礼貌的言行感染对方，让对方意识到自己的过错。

人生好比行路，总会遇到道路狭窄的地方。每当此时，最好停下来，让别人先行一步。如果心中常有这种想法，人生就不会有那么多抱怨了。

经常让人一步，别人心存感激，也会让你一步。事事不肯让人，别人心怀怨恨，就会设法阻碍你、损伤你，即使一条大路摆在你面前，也是充满障碍的。

人与人之间往往是心与心的交往，诚心换来的是真情，坏心换来的是歹意。如果每遇到令自己不平之事，就要动用那张伶牙俐齿，硬要把别人斗败不可，在言语上不给别人留任何余地，这样的人是不能在社会上立足的。

其实，人都是有感情的动物，为别人留了情面，别人自然会处处为你着想，不定在什么时候就会还一个人情给你。所以，女人在与人相处时一定要注意说话的方式，要随时随地给别人留点儿余地。

拉拢对方，多说"我们"少说"我"

小孩子在玩耍时，经常会说"这是我的东西"或"我要这样做"，这种说法是因为小孩子的自我显示欲直接表现所造成的。但有时在成人世界中，如果总是强调"我"这个个体，就无法给对方留下好印象，在人际关系方面也会受阻。

人心是很微妙的，同样是与人交谈，但有的说话方式会令对方反感，而有的说话方式会令对方不由自主地产生妥协之心。

我们在听别人说话时，对方说"我""我认为……"带给我们的感受，将远不如他采用"我们……"的说法，因为采用"我们"这种说法，可以让人产生团结意识。

所以，在开口说话时，女人要多说"我们"，用"我们"来作主语，因为善用"我们"来制造彼此间的共同意识，对人际关系的促进将会有很大的帮助。

在人际交往中，"我"字讲得太多并过分强调，会给人留下突出自我、标榜自我的印象，这会在对方与你之间筑起一道防线，形成障碍，影响别人对你的认同。

第四章

学会适时玩笑，让幽默为你加分

幽默让你更具魅力

幽默是一门独特而有趣的语言艺术，非常具有感染力，能够使人在愉悦的氛围中领悟说话人的意图。一个富有幽默感的人，经常能够成为人群中的焦点，深受大家的欢迎。长期以来，人们认为女人不懂得幽默，幽默是男性的特权。这种说法是有来由的，一是在很长的一段时间内男性是社交活动的主角，女性发言的机会比较少；二是无论东方还是西方，都认为女性以娴雅为美，幽默会让她们显得轻浮。当然，在现代社会中，这些观点都已经过时了。女人也需要发挥自己的幽默感，让自己更有魅力。

事实上，由于长期以来的偏见，有幽默感的女人不是很多。因此，如果你能够展现自己的幽默感，就能够将别人的眼球自然而然地吸引过去。

如果说语言是人与人沟通的窗口，那么幽默便是吹过窗口的暖风，它能够让我们在表达心意的同时，感受到彼此的欢乐。谁不希望能有几个颇具情趣的朋友，来增加自己的生活乐趣呢？我们应该让自己具备幽默感，成为朋友们的开心果，为他们带来快乐的同时，也让自己走进他们心里。

让你的生活充满欢笑声

　　生活和工作很多时候是乏味而平淡的，在这平淡中，我们要学会适时幽上一默，给生活和工作加一点儿调味料，让自己和身边的人更加放松、更加快乐。发自内心的笑会让人从精神到肉体上都极为放松，所以很多人会喜欢看笑话、看喜剧。如果你是个幽默的女人，在大家都很累的加班夜里，在父母工作了一天的晚饭桌上，在爱人长途出差回来的时候，适时展现一下自己的幽默，让大家哈哈一笑，放松一下，肯定会让自己更受欢迎。

　　美国著名音乐指挥家和风琴手马尔科姆·萨金特，是一个有名的古典音乐家，在美国年轻一代的听众心目中有着不可替代的地位。

　　萨金特70岁生日的时候，一个采访者问他："您70高龄还能如此健康，这应该归功于什么？"

　　萨金特想了想，笑着说："我认为必须归功于这一事实，那就是我一直没有死。"第二天，当报纸刊登出这一新闻之后，很多原本不是很关注萨金特的人也开始对他的音乐感兴趣了。

　　另外，要善于应变。生活中各种各样的事情都能够为你提供无数的幽默素材，当突发事情出现的时候，可以瞬间把它们变成幽默的原材料。

一位太太由于不习惯穿高跟鞋，不小心摔了一跤，磕掉了一颗门牙。

回家后，丈夫惊讶地问道："你怎么丢了一颗牙齿！怎么这么不小心？"

这位太太急忙说道："孩他爸，牙齿没有丢，我把它放在大衣口袋里了。"丈夫顿时大笑，担惊、恼火、怒气都没了。

每个女人都渴望拥有幸福快乐的生活，这样的生活不是靠别人给的，而是自己去赢得的。因此，想要让自己的生活更快乐，为什么不先改变自己，用自己的幽默感让生活中充满欢声笑语呢？

尴尬时用玩笑话解围

幽默的谈吐能让我们的交流更加快乐顺畅，但是，想要使自己的谈吐在短时期内就能变得诙谐幽默起来，不是一件很容易的事情。幽默不是三言两语即可传授，它是睿智的体现，是一个人的知识、智慧在语言中的体现。除了让交流更愉快，幽默还可以帮我们消除尴尬。在工作和生活中，我们经常会遇到这样或者那样的尴尬。这时候，你不如幽默自嘲一下，让自己摆脱尴尬。

自嘲似的幽默不仅能够使你魅力倍增，而且可以帮你化解尴尬，提高个人魅力。

年过40的女演员萧芳芳上台领金像奖时，因为行走得过于匆忙，礼服上的披肩滑落在了地上。在无数记者、影迷的注视之下，这是多么尴尬的事啊。然而影后毕竟是影后，她镇定自若地拾起披肩，然后不慌不忙地说道："这女人一过40啊，什么都往下掉。"此言一出，顿时赢得了满堂喝彩。这时候，萧芳芳滑落披肩已经不是一件令她尴尬的事情了，而是她从容优雅的魅力的展现。

这种将自己的缺点很大方地呈现在别人面前的说话方式，往往引起人们开怀一笑，亦可加深你在别人心中的好印象。假如萧芳芳在领奖晚会上只是慌忙掩饰，相比也不会有太好的效果，更得不到大家的鼓掌。然而，她这样轻松机智的幽默言语，使人们非常佩服，不仅不觉得她失态，还会觉得她大方得体。

生活中，夫妻或者恋人之间，或多或少总少不了矛盾和摩擦。如果双方都怀着胜负分明、决一雌雄的人生态度，爱情的前途必然凶多吉少。而以幽默作为爱情生活的润滑剂进行调和，就会收到两全其美的效果。

幽默有助于缓解气氛

现实生活中，不是所有人都会对我们报以善意，有时候会有人给我们难堪。一味忍让或者与人争吵都是不明智的办法。有幽默感的人遇到这种情况，就会充分调动自己的思维，运用幽默诙谐的语言，既能够给对方以反击，又不会让气氛紧张。

幽默的语言往往带有夸张的成分，你说出来之后，就能够直接指向对方的薄弱环节，从而限制对方。同样的意思，幽默的口吻说出来，会让气氛更加轻松，有助于消除矛盾。

不仅仅是应对冲突，对于批评人而言，幽默也有着不可比拟的作用，能够让我们含蓄地表达自己的意见。

女性平时需要特别注意自身的形象，尽量展示自己优雅、温和的一面，因此，更需要学会幽默婉转的语言，不要直接与别人发生言语冲突。面对一些人无赖的行为，如果不能控制情绪，直接与对方争吵，就会有损自己的形象。而运用幽默委婉的语言拒绝，就显得很婉转、含蓄，既反击了对方，又不损害自己的形象。

在一片和谐氛围中解决问题，想必是每个人都想要的结果。用幽默的话语应对冲突或者提出自己的意见，是一种非常常用的也非常好用的言语技巧，能让我们更受朋友、家人和同事的欢迎。

幽默：让交流变得和谐

人际交往中难免会遇到不和谐的场面，遇到问题就要解决问题，这时候恰当的幽默会让原本紧张的氛围缓和，问题往往迎刃而解。而作为女性，这一招格外好使，因为女人的幽默同时像是在撒娇，让人不忍心拒绝。

幽默感可以使人感到心情愉快、舒坦无比。所以如果你与其他人之间发生了不愉快的事情，不妨借助幽默调侃一下，让所有的不快烟消云散。

一家饭店的卫生不合格，经常有顾客在用餐时发生不愉快的现象。有一天，一位女子点了一份汤，但是服务员端上来的时候把拇指扣在了碗内，都沾到汤上去了。这位女子也没说什么，赶紧从包里拿出一个创可贴递给服务员，说："快贴上，肯定烫疼了吧？"服务员十分尴尬，老板过来表示抱歉，之后这种事再也没发生过。

这位顾客非常聪明地发挥了她的幽默，既向对方委婉地表达了自己对该餐厅饭菜卫生的意见，又给对方留了面子。餐馆的老板知道了她的意见之后，自然会想办法解决，因此，问题在谈笑间就解决了。

幽默的言谈能够帮助我们化解紧张的氛围，让人与人相处更加融洽，交谈更加顺利。因此，我们需要细心留意，增强自己的幽默感，让幽默的话语在关键时候帮自己解决问题。

第五章

别让不会拒绝害了你，女人说"不"也动听

拒绝求爱这样说

约会是男女开始真正意义上的恋爱的标志，所以，接受别人的约会请求也意味着接受别人的求爱。对于自己不愿意接受的示爱者，我们首先应该拒绝与其约会，不能因为一时心软而使对方误会，导致两人关系牵扯不清，给对方造成更大的伤害。拒绝约会应该有"快刀斩乱麻"的魄力，因为这不仅仅代表对一次约会的拒绝，而且暗示着自己对对方的爱情的谢绝，这就要求我们一方面要把握说话的分寸，不损害对方的感情，另一方面要表明心意，断绝对方再次邀请的念头。

找各种各样的借口来搪塞约会，使对方体会到拒绝之意。

上课、加班、身体欠安、天气不好……这些都可以成为拒绝约会的好借口。在搬出这些借口的同时，可以有意地露出破绽，让对方从借口的不严密性中明白是在有意敷衍。此外，也可以以

委婉的方式暗示自己确实不愿意与对方交往。总之，借口不能找得太严密、太合乎情理，不要让对方误认为是客观原因导致不能赴约，从而把约会的时间推至以后，令自己再次处于被动局面。

无论如何，在爱情的历程中，当遇到不满意或不能接受的求爱时，最好采用恰当的语言，婉言拒绝，巧妙收场。

拒绝领导不要让他难堪

下面是发生在职场中的一件事情：

"小康，请你今晚把这一叠讲义抄一遍。"经理指着厚厚一叠稿纸对秘书小康说。小康听到此言，面对讲义，面露难色，说："这么多，抄得完吗？""抄不完吗？那请你另觅轻松的去处吧！"也许经理正在气头上，于是小康被"炒了鱿鱼"。

小康的被"炒"实在令人惋惜。像她这样生硬、直接地拒绝上司的要求，给上司的感觉是她在对抗，不服从指示，因而扫了上司的威信，被"炒"也就难免了。其实，她可以处理得更灵活些。她不妨这样，立即搬过那一堆稿子埋头就抄起来，过一两个小时后，把抄好了的稿子交给经理，再委婉地表示自己的困难，那么经理肯定会很满足于自己说话的威力，并意识到自己的要求的不合理处，而延长时限；小康就不至于被解雇。

拒绝上司必须把握以下三点。

1.要有充分的拒绝理由

首先设身处地，表明自己对这项工作的重视；然后再表明自己的遗憾，具体说明自己为什么不能接受，比如说："我有件紧急工作，必须在这两天赶出来。"充足的理由、诚恳的态度一定能取得上司的理解。

2.不可一味地拒绝

尽管你拒绝的理由冠冕堂皇，但是上司也许仍坚持非你不行。这时，你便不能一味地拒绝，否则上司可能会以为你是在推脱，从而怀疑你的工作干劲和能力，以致失去对你的信任，在以后的工作中，有意无意地使你与机会失之交臂。

3.提出合理的接替方法

对上司所交代的事，你不能接受，又无法拒绝，这时，你可得仔细考虑，千万不可怒气冲天，拂袖而去。你可以与上司共商对策，或者说："既然这样，那么过两天，等我手头的工作告一段落就开始做，您看怎么样？"你也可以向上司推荐一位能力相当的人，同时表示自己一定会去给他出点子、提建议。这样，你一定能进一步地赢得上司的理解和信任，也会为你以后的工作、生活铺开一条平坦的大道，因为上司也和你一样是个普普通通、有血有肉、有感情，也当过职员的人。

把握好以上要点，才能不让自己难堪，也不会失去上司的信任。

多说"不过"和"但是"

有时对方提出的要求有一定的合理性，但因条件的限制又无法予以满足。在这种情况下，拒绝的言辞可采用"先肯定后否定"的形式，使其精神上得到一些满足，以减少因拒绝而产生的不快和失望。例如，一家公司的经理对一家工厂的厂长说："我们两家搞联营，你看怎么样？"厂长回答："这个设想很不错，只是目前条件还没有成熟。"这样既拒绝了对方，又给自己留了后路。

对对方的请求最好避免一开口就说"不行"，而是要表示理解、同情，然后再据实陈述无法接受的理由，获得对方的理解，使对方自动放弃请求。

有的时候对方可能会很急于事成而相求，但是你确实又没有时间，没有办法帮助他的时候，一定要考虑到对方的实际情况和他当时的心情，一定要避免使对方恼羞成怒，以免造成误会。

拒绝还可以从感情上先表示同情，然后再表明无能为力。

从对方口中找到拒绝的理由

在交际过程中，当自己处于不利态势时，为了寻找转机，加强己方的立场，也需要找借口拒绝对方。这时，如果你能灵活机智地用对方的话来拒绝对方，就能使对方不再坚持，从而达到拒绝对方的目的。

有一次，萧伯纳的脊椎骨出了毛病，需从脚上取一块骨头来补脊椎的缺损。手术做完后，医生想多捞一点儿手术费，便说：

"萧伯纳先生，这是我们从来没有做过的新手术啊！"

萧伯纳当然听出了医生的言外之意，但向病人收取额外的手术费显然是不合规定的，萧伯纳不愿意再给医生"红包"，但又不便明确拒绝，便装傻充愣地顺着另一层意思说下去：

"这好极了！请问你们打算支付我多少试验费呢？"

医生顿时愣住了，只好讪讪地离开。萧伯纳的思维是：既然你要强调这是从来没有做过的新手术，那我的身体便变成试验品了！萧伯纳合理地从对方的话里引出了一个合乎逻辑的相反结论，巧踢"回传球"，让对方哑巴吃黄连——有苦说不出。

装聋作哑轻松搞定对方

装傻充愣的拒绝法有两种，一种是装聋作哑，沉默不语；另一种则是答非所问，模糊应对。这两种方式都是一种大智若愚的体现。

对一些不合理的要求、无法做到的要求或自己不愿意允诺的要求，本来是应该拒绝的，只是由于人情关系、利害关系等，很难说出一个"不"字。

你可以以沉默来表示拒绝。狭义的沉默就是徐庶进曹营——一言不发，即缄口不语。广义的沉默则是不通过言语，而是综合运用目光、神态、表情、动作等各种因素，或明或暗地表达自己的思想感情，这是拒绝艺术中一种最常见的手段。

在处理问题时，沉默具有丰富的内涵，作用也十分明显。

一是沉默可以用来避免冲突升级。

当人们被拒绝时难免会产生不良的情绪，甚至会与拒绝人产生激烈冲突。当一方怒火冲天、严厉责备时，另一方应保持沉默，即使有理也暂时不争，以免火上浇油，使冲突进一步升级。这样既维护了对方的尊严，又避免了矛盾激化，还为进一步向对方陈述自己的观点留了余地。保持沉默，不仅可以避免矛盾激化，保全对方面子，而且也可以显示出你的豁达大度和良好修养。有时，面对一些难处理的问题，如果保持沉默，并伴以严厉的目光、严肃的神情，就可能会产生一种威慑作用，使对方迅速警醒，从而很快明白自己的要求不够合理。

二是沉默可以用来做暗示性表态。

沉默在有时候是模糊语言，不置可否，但在特定的背景下，其实就是明确表态。如果对方提出一种意见或处理办法，你不敢苟同，但出于全面平衡关系的考虑，你又不能明确反对，这时的沉默看似不偏不倚，但聪明人却可意会神通，知道自己的要求令你为难，十有八九办不成。其实沉默就是不同意、不支持。此时彼此心照不宣，也不用固执己见，伤了和气。

在有的场合，对对方的提问不管做出怎样的回答，都于己不利，这时不妨佯装没有听见、没有看到，不做任何表示，也是一种行之有效的方法。

总的来说，装傻充愣是最常见的拒绝办法之一。"傻"所掩盖下的是一种圆融大智、迂回之道，我们在社交中所需要的正是这样一种为人处世之法。

找一个替身代你说"不"

有一次，约翰的一位好朋友的孩子，4岁的毛毛，一手拿苹果、一手拿橘子，跑到约翰面前炫耀。约翰故意逗他说："毛毛，伯伯的嘴好馋。你看，你是愿意把苹果给伯伯吃呢，还是愿意把橘子给伯伯吃？"毛毛听了约翰的话，很快就出人意料地回答："伯伯你快去，妈妈那里还有！"

啊，这小家伙的回答真是太绝了！他并没有直截了当地拒绝，但让人无法从他那里捞到一点儿油水，因为他想到了一个替代方案来拒绝别人。

这个例子，显示了替代方案的妙用。他没有正面表示拒绝，你也没有得到任何东西，彼此既不伤和气，也不会丢什么面子。

这种方法就叫替代法，是以"我办不到，你去拜托某某比较好"的说法，来转移给他人的做法。工作中常常会有人来请你帮忙，而你又因为种种原因不想插手，你应该怎么谈呢？

"我对电脑不太懂，不过小王对电脑很熟，你去拜托他帮你看看怎么样？"

"我对计算工作最头大了，我记得小芸好像是簿记二级的，她应该做得来！"

像这样搬出一位在这方面能力比自己强的人，然后要对方去拜托他就行了。

不只能力的问题，像下面这个例子中的场合也能适用：

"我如果要做这件事，恐怕要花掉不少时间。小范好像说他今天工作分量不怎么多！"

只有在大家都知道那个人的确比较胜任时才能用这招。

这个办法有一个问题，就是可能会招致那个被你"转嫁"的人的怨恨。原本想拜托你的人一定会对那个人说："是某某说请你帮忙比较好！"对方也就会知道是你干的好事。这么一来，那个人心里一定会想：可恶的家伙，竟然把讨厌的事推给我！

尤其当需要帮忙的工作内容是人人都不想做的事情的时候，惹来怨恨的可能性就更高。所以，最好在多数人都知道"某某事情是某某最擅长的"这样的场合才用此招。

当然，这一招不仅仅是可以用在工作中，还能用在日常生活中。假如你抽不开身，实事求是地讲清自己的困难，同时热心介绍能提供帮助的人，这样，对方不仅不会因为你的拒绝而失望、生气，反而会对你的关心、帮助表示感谢。

贬低自我让对方知难而退

根据心理学的调查发现，人们的确有在日常生活中自我贬低的现象。例如，在上班族中，有12%的人曾对上司装过傻，而14%的人对同事装过傻。虽然它可能会导致别人对自己的评价降低，但令人惊讶的是，仍有一成以上的人是在自己有意识的情况下用了这个办法。

上班族会用到"自我贬低法"的场合有以下三种。

第一，遇到不想做的事。例如，像打杂般的工作、很花时间的工作或单调的工作等；还有像公司运动会之类的筹办公司内部活动等的工作。像这些情形便有不少人会用"我不会呀"或"我对这方面不擅长"等理由，来把不想做的事巧妙地推掉。

第二，拒绝他人的请求。当别人找上你，希望你能帮他的忙时，你很难直接说："不！"因此便以"我很想帮你，可是我自己也没有那个能力"的态度来婉转拒绝。拒绝别人时，很难直接以"我不愿意"这种态度来拒绝，而且如果拒绝不恰当还可能会让对方怀恨在心。因此，若是用没有能力，也就是自己无法控制的原因来拒绝（想帮你，可是帮不了）的话，拒绝起来便容易多了。

第三，想降低他人对自己的期望值。一个人若能得到他人的高度期待固然值得高兴，但压力也会随之而来，因为万一失败，受到高度期待的人带给其他人的冲击性会更大。因此，借由表现出自己的无能来降低期望值，万一将来失败，自己的评价也不会下降得太多；相反，如果成功，反而会得到预期之外的肯定。

在拖延中解决问题

张艳一心想当一名记者，于是想从学校调到某报社工作，她找到了同事的丈夫——某报社黄总编。黄总编知道报社现在严重超编，但又不好直接拒绝，于是对张艳说："刚刚超编进来一批毕业生，短期内社里不会考虑进人的问题了，过一段时间再说吧。"黄总编没说这事绝对不行，而是以条件不利为理由，虽然没有拒绝，但为后来的拒绝埋下了伏笔。

有时，在直接拒绝时也可使用"延时"法。

小张想观摩一位特级教师上课。那位教师出于谦逊婉言谢绝了，他说："行啊。不过这课要讲得成功，让学生、老师都满意，还得符合教改精神，得让我好好考虑考虑教学方案。看来你得给我一年时间。这365天我得天天想，多痛苦啊！"

这位教师对小张的请求采用延时法予以拒绝，本来，别人慕名来观摩自己的课对自己来说是一种尊重，如果直接拒绝，会使对方认为自己不识抬举。而采用"拖延"的技巧来拒绝对方，先爽快地答应，然后把时间推到一年之后。谁都知道，准备一堂课怎么也用不了一年的时间。因此，请求者也明白这位教师是在间接地谢绝，当然也就不会勉强了。

抬出"后台老板"

　　"不"字很难说出口，因此我们总是想方设法避免将这个"不"字说出口，取而代之的是许多费尽心机想出来的婉言曲说方式。其实很多时候也不用这么复杂，只需要抬出一个"后台老板"，将责任归之于他，你便可以轻松说出"不"了。

　　一家公司的经理对一家工厂的车间顾问说："我们两家搞联营，你看怎么样？"顾问回答说："这个设想很不错，可是厂长已经决定跟先前一家厂搞联营了，这个我也没有办法。"

　　注意了，拒绝不是顾问的意思，问题已经全部归结到厂长那里了，厂长的决定，谁也改变不了，事情就这么简单。

　　抬出"后台老板"，就是以别人的身份表示拒绝。这种方法看似推卸责任，但很容易被人理解：既然爱莫能助，也就不便勉强。

　　每个人在必要时都可以抬出甚至虚构出一个"后台老板"，把自己的意愿通过这位"后台老板"表达出来，适当放低自己的位置，便能直言拒绝。这样拒绝的效果很好，而且不会得罪人，即使得罪，责任也到了"后台老板"那里了。

第六章

夸人要走心，不敷衍的女人更受欢迎

男人和女人，赞美有"性"别

人人都渴望被别人赞美，但男人和女人的需要是不同的。

男人要面子、好虚荣，多表现在追逐功名、显示能力、展示个性以显潇洒和能人之形象方面，而女人则表现在对容貌、衣着的刻意追求或身边伴个白马王子以示魅力方面。

男人要面子、好虚荣，他们对此毫不遮掩，有时甚至坦率得令人吃惊，而女子则总是遮遮掩掩、羞羞答答。

女性对于面子、虚荣还有几分保留，而男子则是全力以赴去追求面子，好似他的人生目的就是追求面子一般。

男人的面子千万不要去伤害、破坏，否则便万事皆休——友谊中断、恋爱告吹、生意不成、升官无望、职称泡汤。

因此赞美他人时也要见什么人说什么话。

比如，赞美一个女人漂亮就大有学问。对于容貌绝佳的女性，她已习惯了别人的赞叹，不妨用些新颖的方式，如用比喻去赞美她；对于一个相貌平平的女性，如果你虚假地夸赞她的容貌，她会认为你在讥讽她，而引起她的反感，你最好是去发掘她的气质、能力或性格；而普通的女性是最需要赞美的，因为她身上也有美，并且也最向往美，最渴望被人肯定。

你可以赞美女人的修养。有许多女人虽然长得漂亮，但是缺乏修养、没有内涵，稍一相处，便会让人感到俗不可耐。因而，花瓶式的女人虽然可赢得一时的赞美，却不能使男人长久地爱慕她，更无法获得男士的尊敬。而一种好的气质，则可以使一位非常普通的女人变得十分迷人，令人心驰神往。因为一个人的修养是一种内在美、精神美、升华美，它可以永久地征服一个男人的心。

除此之外，生活中女人们的能力也值得你一赞。日常家务，如烧饭做菜、收拾房间、照顾孩子，这些虽是一些细小的事情，但是能表现出女人的动手能力、审美能力、教育能力。只要你在日常生活中也不忘记赞美一下女性，你一定会得到女性们一致的好评。

最后要记住的是，女人喜欢甜言蜜语，但并非是喜欢太过花哨的话，所以赞她时多用些实际的语言，不用刻意去修饰，不然会让人觉得你很肤浅。

人们都说女人是用耳朵来生活的，赞美是女人生命中的阳光。其实男人也一样，他们一样喜欢听到他人对自己的肯定和赞美，因为这会让他们有一种成就感，并由此充满自信。可以说，恰到好处的赞美是一剂强心剂。

给他最想要的赞美

在一个人所走过的人生道路中，有无数让他们引以为自豪的事情，这些都是他们人生的闪光点。这些东西又会不经意地在他们的言谈中流露出来，例如，"想当年，我在学校的时候……""我年轻的时候……"等。对于这些引以为荣的事情，他们不仅常常挂在嘴边，而且深深地渴望能够得到别人由衷的肯定与赞美。对于一位老师而言，引以为荣的往往是他教过的学生在社会上很有出息，你为了表达对他的赞美，不妨说："您的学生×××真不愧是您的得意门生啊！现在已经自己出书了。"对于一位一生都默默无闻的母亲，引以为荣的往往是她那几个有出息的孩子，你如果对她说："你有福气啊，两个儿子都那么有出息。"她一定会高兴不已。对于老年人来说，他们引以为荣的往往是他们年轻时的那些血与火的经历。

真诚地赞美一个人引以为荣的事情，可以更好地与之相处。

耶鲁大学著名的教授威廉·莱昂·弗尔帕斯经历过这样一件事：有一年夏天又闷又热，他走进拥挤的列车餐车去吃午饭，在服务员递给他菜单的时候，他说："今天那些在炉子边烧菜的小伙子一定是够受的了。"那位服务员听了后吃惊地看着他说："上这儿来的人不是抱怨这里的食物，便是指责这里的服务，要不就是因为车厢里闷热大发牢骚。19年来，您是第一位对我们表示同情的人。"弗尔帕斯得出结论说："人们所想要的是一点儿作为人所应享有的被关注。"而人们想要别人来关注的地方往往是自己所能忍受下来的痛苦，就正如夏天里在火炉旁烧菜的煎熬。

一个人到了晚年，人生快走到尽头了，当他们回首往事的时候，更喜欢回味和谈论自己曾经历的那些大风大浪，希望得到晚辈的赞美和崇敬。

现在已经80多岁的爷爷，一生中最大的骄傲便是独自一个人将七个孩子养大成人，现在眼见一个个孩子都成家立业，他经常自豪地对我们说："你奶奶死得早，我就靠这两只手把你爸他们几个养大成人，真是不容易啊！"每当这时，如果我们能乘机美言几句，爷爷就会异常高兴。

有的时候并不是什么伟大举动才值得让人赞美，相反，一些微乎其微的小事别人也会期望得到你的肯定和称许。

如果某天早晨，你的丈夫偶然一次早起为你准备好了早餐，你不妨大大赞美他一番，那他今后起床做早餐的频率将会更高；如果你的小孩有一天非常小心地在家做好了晚饭等你回家，当你回到家中，不要吃惊孩子脸上的污渍，也不要惋惜已经摔碎的碗碟，先要将孩子赞美一番，即使孩子所炒的菜让人难以下咽，因为你的赞美可以让孩子所做的下顿或者是下下顿饭变成美味；在公司，如果某位职员记述你口述的信件的速度比你想象的要快，不妨表扬她一下，今后她的工作就一定会更加卖力。

从一件小事上去赞美他人必须注重细节，不要对他人在细节上所花费的时间和心血视而不见，而要特别地对他人的煞费苦心表示肯定和感谢。因为对方所做的一些小事既说明对方对你的偏爱，也说明他渴望得到肯定与赞扬。

恰如其分的一句恭维有时胜过十句赞美

恭维之所以与赞美不同，是因为它带有一定的目的性，而且它能明显起到抬高对方的作用；然而恭维与赞美又有共同之处，就是二者都能让听者心情舒畅，因此说它们是一对孪生兄弟。

要恭维别人，应有一种"战无不胜"的信心。人都是有弱点的，再谦虚，再不近人情，再标榜自己不喜欢听甜言蜜语的人，其实都喜欢别人恭维，只要恰如其分。

我们都有这种经历：当别人恭维自己时，尽管会做出一副谦虚的样子，但心里却由衷地感到高兴，同时也会对称赞自己的人有一种好感。所以要达到某种目的，不妨先恭维对方一番。

然而生活中有一些人偏偏学不会或不屑于恰当地去恭维他人。他们把恭维看成是"拍马屁""心怀不轨"，这些都是不必要的思想。恭维是一种有原则的社交手段。

要恭维他人，先要选好恭维的话题，不可过分夸张，更不能无中生有。对于青年客户，恭维他年轻有为、敢于开拓；对于中年客户，恭维他经验丰富、见多识广；对于知识分子，恭维他知识渊博、刻苦钻研；对于商人，恭维他头脑灵活、发财有道……这些都是恰如其分的。如果赞美一中年妇女活泼可爱、单纯善良可能就会不伦不类，弄不好还会招致臭骂；赞美你的领导发家有方、日进斗金，恐怕你升迁的希望就渺茫了。

恭维人的话不能过多，多了对方会不自在，觉得你是虚情假意，逢场作戏，因此而不信任你。恭维过多也不利于交谈，在谈话中频频夸对方"好聪明""好有能力"，对方也频频表示客气进行回应，往往使谈话无法顺利进行。

留心对方的反应，当对方对你的恭维显得不自在或不耐烦时，就应当转换话题或适可而止了。

源自心灵深处的赞美才有力量

赞扬他人是一种能力，是根据心理学和组织行为学研究出来的，这是职场上的一种能力，不等于溜须拍马，溜须拍马可以说是虚假的，但赞扬必须是真诚地发自于内心的实话。大家要知道：真实的赞扬是拂面清风，凉爽怡人；虚假的赞扬让人烦腻不堪。

真诚的赞美和"拍马屁"最大的区别在于是否发自内心。真诚的赞美起源于内心深处的一种"美感"，一种冲动，它反映了一个人对另一个人的认可：外表漂亮、谈吐高雅、行动敏捷、品格高尚……即在两个人之中，其中一个人在另一个人身上发现了符合自己理想和价值标准的可贵之处。我们认识这个人、了解这个人的时候，已经有一种无形的力量促使自己要去赞美他的一些优点。

但是"拍马屁"不同，它不是发自内心地对另一个人的认可和钦佩，而是基于内心世界早已存在的一种目的，一种对眼前或日后能够收到"回报"的投资。"拍马屁"者在"赞美"他人的时候，脸上虽眉飞色舞，但有几分不自在；他的词语是火辣辣的，但他的内心却是一片冰冷。他在赞美一个人的时候，心里想着的只是如何顺利办完对自己利益攸关的事，如何获得自我满足。

因此，真诚成为赞美与拍马屁的界限，它是赞美的必要组成元素。

真诚的赞美应该是合乎时宜的，在合适的氛围里发出的赞美会让人内心明亮，灿烂无比。当别人感觉到你的赞美是由衷的，那赞美的话就很容易被接受。

以"第三者"的口吻赞美

在一般人的观念中，总认为"第三者"所说的话是比较公正、实在的。因此，以"第三者"的口吻来赞美，更能得到对方的好感和信任。

假借别人之口来赞美一个人，可以避免因直接恭维对方而导致的吹捧之嫌，还可以让对方感觉到他所拥有的赞美者为数众多，从而心里获得极大的满足。在生活中，要善于借用他人，特别是权威人士的言论来赞美对方，借此达到间接赞美他人的目的。权威人士的评价往往最具说服力，因此，引用权威言论来赞美对方是最让对方感到骄傲与自豪的，如果没有权威人士的言论可以借用，借用他人的言论也会收到不错的效果。

与众不同的赞美最中听

赞美加一点儿新意，鼓励作用会更大。正如有人所说："一点儿新意，一片天空。"这样的赞美之术会更趋完美。

赞扬要有新意，当然要独具慧眼，善于发现一般人很少发现的"闪光点"和"兴趣点"，即使你一时还没有发现更新的东西，也可以在表达的角度上有所变化和创新。

对一位公司经理，你最好不要称赞他如何经营有方，因为这种话他听得多了，已经成了毫无新意的客套了。倘若你称赞他目光炯炯有神、潇洒大方，他反而会被感动。

赞美是所有声音中最甜蜜的一种，赞美可以给人一种美的感受。新颖的语言是有魅力的，有吸引力的。简单的赞扬也可能是振奋人心的，但是一种本来不错的赞扬如果多次单调重复，也会显得平淡无味，甚至令人厌烦。一个女人就曾说过，她对别人反复说她长得很漂亮已经感到很厌烦，但是当有人告诉她，像她这样气质不凡的女人应该去演电影时，她笑了。

仪态万方这一目标，几乎是所有的女人孜孜以求的。这是她们最大的虚荣，并且常常希望别人赞美这一点。但是对那些有沉鱼落雁之容、闭月羞花之貌的倾国倾城的绝代佳人，就要避免对其容貌的过分赞誉，因为对于这一点她已有绝对的自信。你可以转而去称赞她的智慧、她的品格。

赞美的新意很重要，但更需要我们综合各方面的因素来翻出恰当的"新"意，否则便会弄巧成拙、适得其反。马克·吐温曾经说过："一句好的赞美能当我十天的口粮。"我们每天都让新鲜的赞美流淌入他人的生活中，那么彼此对生活的积极性就会增强。

多在背后说他好

世上背后道人闲话的人不少，大家都很清楚，被说之人一旦知道便会火冒三丈，轻则与闲话者绝交，重则找闲话者当面算账。因此，人们都以此为戒，不要犯背后说他人闲话的忌讳。但是，背后说人优点很有效果。

背后说别人的好话，远比当面恭维别人效果要明显好得多。不用担心，我们在背后说他人的好话是很容易就传到对方耳朵里去的。

赞美一个人，当面说和背后说所起到的效果是很不一样的。如果我们当面说人家的好话，对方会以为我们可能是在奉承他、讨好他。当我们的好话是在背后说时，人家会认为我们是真诚的，是真心说他的好话，人家才会领情，并感激我们。假如我们当着上司和同事的面说上司的好话，同事们会说我们是在讨好上司、拍上司的马屁，从而容易招致周围同事的轻蔑。另外，这种正面的歌功颂德所产生的效果是很小的，甚至还会有起到反效果的危险。同时，上司脸上可能也挂不住，会说我们不真诚。与其如此，还不如在上司不在场时，大力地"吹捧一番"。而我们说的这些好话，最终有一天会传到上司耳中的。

多在第三者面前去赞美一个人，是你与那个人关系融洽的最有效的方法。假如有一位陌生人对你说："某某朋友经常对我说，你是位很了不起的人！"相信你感动的心情会油然而生。那么，我们要想让对方感到愉悦，就更应该采取这种在背后说人好话、赞扬别人的策略。因为这种赞美比一个魁梧的男人当面对你说"女士，我是你的崇拜者"更让人舒坦，更容易让人相信它的真实性。

推测性赞美让她美梦成真

有个善良的小女孩儿，总觉得自己长得丑，总是含羞草似的低着头，就连圣诞节也不例外。就在圣诞节这天，她因为低着头走路而撞倒了一个老人，一个白发苍苍的盲人。

小女孩儿吓了一跳，赶紧说了声"对不起"，她的声音挺小，一听就充满了深深的自责。于是，盲人说了一句："没关系。"

女孩儿挺感动，赶紧扶起老人："老爷爷，是我把您碰倒的，我……我搀着您，送您回家，好吗？"女孩儿的声音挺甜，细细的，像一阵柔柔的风。

但盲人却摇了摇头："不，孩子。听声音你就特别善良。你一定长得很美……"那个"美"字说得挺明亮，使女孩儿听了怦然心动。

"可我……"小女孩儿一时不知说什么好。

"去吧，孩子。"老人觉察到小女孩儿还站在自己面前，真诚地对她又叮嘱了一句。

小女孩儿很感动，深深地点了点头。她坚信对方能看到写在自己脸上的深深的歉意。

老人转过身，拐杖敲着地面，走了。

小女孩儿的眼里流出了一行热泪。她感激那位老人，居然那么真切地夸她"美"！

她看着老人——就这么站着，站着，泪汪汪地看着老人离去的方向。过了好长时间，小女孩儿才从梦幻般的感觉回到现实中。

也就是打这天起，她走路时也抬起了头，因为她相信，美像阳光，也同样簇拥着她！

瞧！这就是推测性赞美创造的奇迹！它使一个失望的小女孩儿找到了太阳，找到了自信！

推测性赞美有两种，一种是祝愿式的推测，一种是预言式的推测。

祝愿式推测，主要强调一种美好的意愿，用一种友好的心情去推测对方，带有祝愿的特点。

　　预言式推测，带有一些必然性、预见性，可以针对工作、生活中可能会取得的成绩进行预测。

　　预言式推测较适用于同事与同事之间，或父母对孩子的推测，总之，是对身边较熟悉的人所采用的方式，它能起到一定的激励作用。

第七章

做职场精英女性，说话就要有水平

多与领导沟通

　　女性早就摆脱了在家相夫教子的角色，越来越多的女性站在了各种岗位上。既然选择了某个职业，就要成为职场的女强人。想要在工作中有进步，和领导建立良好的友谊是十分必要的。如果你的领导成为你的朋友，他将会给你带来很多的机会。英特尔总裁安迪·葛洛夫曾说过这样一句话："不管你在什么样的公司，当你与领导交流时，都别把自己当作员工看待，而应该把自己当作公司的一分子。"在公司中也是这样，凡是领导都喜欢能为公司着想的职员，因此在与领导沟通交流的时候，一定要掌握沟通技巧。

　　现实中，有很多人在公司里总是和领导保持着一定的距离。有的是觉得领导高高在上，不敢轻易接近；有的却认为只要做好自己的事情就好，没有必要在领导面前露脸；还有的觉得跟领导说话压力太大。正是因为有了这样的一些想法，所以能抓住机会的总是少数人。如果你不想永远只做一个默默无闻的大多数，如果你想要让自己得到进一步的提升，一定要学会和领导说话，如果把领导拉进了你的人脉圈，相信你的成功之路会更加顺利。

很多人都对领导抱持敬而远之的态度，很少和领导进行沟通和交流。如果是这样，领导永远都不会知道你的想法。所以，你要试着向领导靠拢，不光要和他谈工作上的事情，如果有机会，还可以和他谈谈生活、谈谈家庭，这样更容易让领导对你产生亲近感。

当然了，领导毕竟是领导，你与领导交谈的时候一定要注意措辞，不要说错话。如果你的某句话冒犯了领导，就有危险了。

与领导交流，有几点需要特别注意。

首先，学会倾听领导。当领导讲话的时候，要努力表现得非常专心。眼睛注视着他，不要埋着头，必要时做一点儿记录。他讲完以后，你可以稍思片刻，也可问一两个问题，真正弄懂其意图。当你不同意领导所讲的话时，不要直接否定领导。你们可能是看问题的角度不同罢了。如果你认为需要纠正领导的话，最好用提问等委婉的方式表达出来。如果你的观点基于某些他不知道的数据或情况，要耐心解释。

其次，有的词汇一定要少说。有经验的职业人士很少使用"困难""危机""挫折"等词语，困难的境况可以说成"挑战"，并制订出计划以去迎接挑战。在领导前谈及你的同事时，要多说好话，不提缺点，否则将会影响领导对你人品的看法。

另外，在公司里，你与领导的地位是不同的，这一点要心里有数。与领导沟通是必要的，但不要使关系过度亲密，以致卷入领导的私人生活之中。与领导保持良好的友谊是你升迁的保障，但前提是要把本职工作做好，否则就会前功尽弃。

当我们走向社会，进入职场之后，人脉就会显得尤为重要。这时，一个人的工作能力都已经展现出来，如果想要快速地实现自己的理想，就必须在人脉上更近一步。决定你能不能拓展人脉的，就是你的说话能力，你怎样与领导交流，怎样向领导汇报你的工作，这都是你升迁的助推器。

与上司谈话的技巧

与上级相处，是每个身处职场的人都要面对的一件事情。想要成为成功的职业女性，我们就要能够巧妙应对上司，说上司喜欢听的话，给上司留下好印象。在职场打拼，其实就是一个不断得到上级认同、肯定从而不断升职的过程。如何成为一个上司眼中的得意部下，是很多人需要认真考虑的一件事情。在上司面前营造独特的形象或者说获取信赖的方式与技巧有很多，语言技巧是很重要的一个方面。女性要着重展现自己的善解人意和干练细心，给上司留下深刻的印象。

当领导找到你，并和你谈起企业面临的危机和竞争压力时，要学会从容不迫地应付领导，这会让你看起来非常自信，并让他们相信你拥有处理棘手问题的力和方法；相应的，你要避免在谈话中出现"麻烦""难以处理"等字眼，这无疑会让你看起来缺乏信心，同时对可能出现的意外情况缺乏对策。

接受命令和任务也是在与领导沟通时经常出现的情况。譬如，领导可能会对你说："小王，我们公司的财务月报表正着急用，你尽快给我做一份吧。"这时，你需要隐藏小女孩的扭捏和柔弱，展现自己的干练，一定要让你的回答果决而充满行动力，"我立即去做"抑或"我马上处理这件事"看起来是一个较好的回答，这会让你看起来充满斗志和工作激情，富有感染力和决断力。

对于领导提出的一些问题，如果你实在无法当面给予回复，也不要随意地回答对方。你要保证你的回答精确而有力度，比如你可以这样说："让我好好考虑一下，30分钟后给您答复，好吗？"一个明确的答复，无疑会让你显得富有决断意识，令人信赖，切忌用"不知道"或者"我再想想"等之类的回答敷衍领导，这会让你看起来非常缺乏责任心与承担力。

还有非常重要的一点，就是要学会"认错的艺术"。身处职场，每个人都难免会犯一些或大或小的错误。在无法改变的失误面前，怎样才能最大限度地挽回领导的好感，树立自己的形象与影响力呢？

第一，要学会巧妙地组织语言，体现自己能言善辩、才思敏锐的一面，一个在面对危机时依旧能够保持镇定并通过言语巧妙化解危机的人，无疑会令人刮目相看。

第二，要有足够的诚意，知错认错，坦率面对。一个敢于直面个人错误的人，是令人钦佩的。某些下属在犯错之后，会竭力避免与上司正面对话，他们以为如此就可以在一定程度上掩盖自己的过失，消减上级的愤怒与责罚的程度，但这显然是一种自欺欺人的手段，这不仅无助于你逃避过失，反而会让你成为上司眼中一个无担当、怯懦的人。相反，如果你能够直面领导，清楚地说明事情的原委，则会让他们感觉到你是一个敢于承担、敢于直面困难的人。如此，得到领导的认同和好感就是水到渠成的事了。

与上司的交谈并不是越多越好，而是有原则地说话，用最少的精力获得最好的效果，展现自己的工作才能和优秀品质。有什么样的原因，才会有什么样的结果，让领导了解你行为的具体原因，他才会更好地理解你。这是一门很微妙的艺术，一旦你能参透它，你就能"利用"自己的领导为自己办事，你的事业之路就会越走越宽。

不要与男领导太亲密

在职场，女下属跟男领导相处起来比较麻烦，走得稍微近一点儿就会给人暧昧的感觉，疏远了领导又会影响自己的前途。

有一些公司单位里的女士性格比较直，领导找她一起出差，一口否决；领导要她陪客人吃饭，也直接拒绝，最后的结果只能是丢了饭碗。也有一些女士考虑到工作及其他因素，往往是尽量接近领导，对领导有求必应，低三下四，结果不但被领导要得团团转，还会被同事们戳脊梁骨。这两种做法都不理想，只有运用巧妙的语言表达，才能使我们既能够联系领导，又不至于受到不良的影响。

职场丽人很多，漂亮女士或多或少都会遇到这种情况，有的可能程度较轻。遇到这种情况，用以下几个方法基本上可以解决。

第一，装糊涂。男领导对女下属有意的话，多半会借助工作或者吃饭、聚会等邀请对方，这时候你可以选择装糊涂。例如，你可以说："让××（另外一个同事）一起吧，人多力量大。"或者说："你太太（女朋友）也一起来吧，我正好也带上老公（男朋友）。"这样，你就给他设立了一个"大灯泡"，即使最后你赴约了，他也会规规矩矩。

第二，拒绝骚扰。如果你确定是性骚扰就一定要反抗。比如，男领导说"你好性感"之类的挑逗语言时，女下属应该马上严词制止，告诉他你不喜欢这样，希望他能尊重你。这里的关键就是我们如何区分性骚扰和真实的关爱。其实这没有那么难区分，只要你注意观察领导的习性，就很容易判断他的意图。

第三，结交领导的女伴。一旦你结交了领导的夫人或者女友，就等于拿到了"尚方宝剑"，让领导永远不敢对你图谋不轨，又不敢在工作上故意刁难你。所以，女下属可以想办法获得男领导家的电话号码，必要的时候可以打电话给他的女伴。

事实上，即便你的领导是个坦坦荡荡的人，你在与其交流的时候也要注意方式，毕竟职场本就是人多口杂的地方，平时老实本分的人都有可能被说闲话，捕风捉影的事情非常多。总之，女下属与男领导沟通的时候，一定要学会避嫌，把握好距离和尺寸，既尊重领导，又保护自己。

怎么开口让老板为你加薪

我们无论在哪一个公司工作，最重要的目的之一就是赚钱，没有谁愿意长时间无偿为公司劳动。因此，工资的高低是每一个职业人士都关心的问题，加薪也是多数职业人士的梦想。但是谈到加薪，很多人不知道怎样说出来？正所谓"想想是种幸福，要做却有压力"，尤其对于资历尚浅的职场新人而言，加薪更像是一个可望而不可即的梦。老是想着，又不敢跟领导提。

事实上，加薪并没有那么难。只要你工作做得好，能够为公司带来很好的效益，老板还是愿意为你提高薪水的，之所以你的薪水没有变化，可能是因为老板事务繁忙，忘记了，或者是老板对你平时的表现并不了解。这时候，你需要巧妙地提醒老板，是时候给自己加薪了。

女性员工提出涨薪会更加容易，因为相对于男性员工的爱面子而言，多数女性在公司的日常交际中比较主动，也更加靠近领导。另外，女性给人的印象一般都是柔和的，没有很强的攻击性，说起话来更容易让人接受。当然了，真正见到老板，谈到薪水问题的时候，还是需要一些技巧，免得双方尴尬。

你明明该得到加薪的时候，老板没有给你加薪。这时候，不管是老板一时疏忽忘记了，还是有意推诿。你不要直接说出来，不妨为老板找一个台阶，让他下来，让他既有机会，又有面子地给你加薪，你也会如愿以偿。

男性比较理性，遇到工作上的问题一般都会仔细考虑对策，女性则比较感性，容易冲动。一旦薪水该涨的时候不涨，不少女士都认为领导不给自己加薪是故意的，要不怎么自己工作那么拼命、加班那么积极、办事那么麻利，他就是看不见呢？我的业绩是明摆着的，我的成绩是显而易见的，如果领导不是看不见，那一定就是在故意装糊涂。有这样想法的职业女士一定要注意，最关注你功劳的永远是你自己，正因为过分在意，所以才会觉得它那么明显。而领导需要关注的事情很多，他怎么可能仅仅把目光落在你的功劳上？我们需要做的是"把功劳给摆出来"，这样他才能看得更加真切、更加清楚。

我们必须明白，向领导要求加薪并不丢人，而是我们为争取正当权益所采取的合理行为。如果领导因此感到不满的话，那只能归结为他过于陈旧的观念；如果领导因此炒我们鱿鱼，那我们正好借此离开一个不值得奋斗的地方。总之，必须要将我们心中的障碍彻底清除，然后才能理直气壮地跟领导谈加薪。

当然，这种旁敲侧击的方法不一定每次都能见效，假如遇到领导心情不悦，他兴许会黑着脸问你："那你觉得加多少合适？"所以我们应该多准备几招，根据不同的情况采取相应的措施，这样才能达到自己的目的。

首先，为了防止被领导问得哑口无言，在开口之前，我们一定要尽可能保留一些证据，用具体数字来证明自己为单位创造的效益。比如，我们曾经谈成了哪些项目，这些项目给单位带来的利润是多少，为公司缩减的成本又是多少。当然了，切记不要提到辞职，除非你已经找到了更好的出路，否则千万不要用辞职来威胁领导。

其次，要选择恰当的时机。如果老板这段时间心情正郁闷，或者遇到麻烦，就先不要提出加薪。最好的时机是当老板沉浸在成功的喜悦中，或是他的有什么喜事而使他轻松愉快的时候，你向他提出适当的要求他就比较容易接受。

另外，还要了解公司的加薪时间。大多数公司是从第四季度开始做下一年预算，因此会在第二年的年初加薪。但不管什么公司，一般不会在年终加薪，所以在年终向老板提出加薪不是一个明智的决定。

其实不管出于什么原因，也无论我们用什么方法，目的都是为了把要求加薪的信息透露给领导。要知道，精明的领导有时宁愿给一个敢为天下先的"激进分子"加1000块钱，也不愿给一个连工资都不敢讨的人加100块钱。

如果你觉得自己有把握让老板为你加薪，那么就适时地、巧妙地、有技巧地同老板交流自己的想法。万一领导认为你暂时还未达到应该涨工资的标准，或者因为公司目前的财务状况不佳，短期内没有给职员加薪的可能，你也不要失望，更不要自暴自弃。毕竟在公司工作的时候，除了想要赚取薪水，我们还要提高自己，实现自己的价值。非常时期，不妨牺牲小利，等到公司渡过了危机，你涨薪的日子自然也就到了。

同事之间的言语交流

我们想要成为职场丽人，在职场站稳脚，离不开同事们的支持。同事之间的关系越融洽，我们的心情自然也会越好。相应地，大家的工作效率也会越高，而你也将更顺利地发挥自己的优势和长处，最终脱颖而出，迈向自己的梦想和辉煌。因此，我们要做一个讨人喜欢同事。那么，究竟怎样与同事交流相处，才能在同事之间营造自己的影响力和感染力呢？

首先，要学会表达你的关心和体贴。女性一般都会给人以温暖贴心的母性感觉，因此，更容易通过关心体贴别人获得对方的好感。试想，有谁不喜欢关心自己的人呢？

其次，要宽容和大度。同事之间，难免会产生一些矛盾和摩擦，这是很正常的事情。对此，你需要学会以一颗宽容大度的心包容对方，尽量不要批评对方。工作上出了什么问题，只要不是原则上的，你都可以做出让步，主动承担责任，这可以替你营造一种亲和力和大度能容的感染力。

再次，要恪守言行一致的原则。无论是在工作上还是日常生活中，凡是答应同事的事情，一定要尽全力履行，一个信守承诺的人，无论在哪里，都会讨人喜欢。为了达成这种目的，我们一方面要谨言慎行，对于自己没有把握的工作和事情，不要贸然夸口，冲动接受；另一方面，我们要培养克服困难的勇气与信念，直面挑战，充盈信心。

还有，要与同事保持适当的距离。你们是同事，仅此而已。不要以为彼此离得越近，自己在对方眼里就越重要，越不可取代。要与你的同事保持一个合适的距离，亲而不腻，彼此信任而互不干扰。有的女性喜欢和别人分享自己心里的事情，与同事们交往的时候，常常无所顾忌，想说什么说什么。这样的说话方式非常不好，尤其是在职场上。职场上人与人之间或多或少都有一些利益关系，如果你不懂得保护个人隐私，什么都与人分享，很可能会伤害到自己，

最后，要注意一点，那就是平时说话的时候要学会肯定同事的长处，多说他们的好话，切忌在背后议论同事的是非。工作环境中，每个人都注重自己的形象。如果能够经常被肯定，当然会非常开心，所以，办公室中的鼓励和夸赞能够收到独特的效果。一个懂得肯定对方的人，没有偏私，富有判断力，会给人一种廉明公正的信服力。当然，这里所说的肯定同事、赞扬同事，并非谄媚抑或吹捧，而是让你学会发现别人身上的闪光点。在介入任何一件事情之前，都试着用积极肯定的目光分析对方的所作所

为。善待同事，就是善待我们自己。

总之，在办公室环境中，很多语言细节的作用都会被放大。女士们在职场上要特别注意自己的言行，不伤害同事，提升自己的业务形象，用一张巧嘴为自己的事业铺路。

学会表扬下属

工作中，我们经常会遇到一些"女强人"，她们能够解决工作中的大部分问题，比多数男同事都厉害。但是需要注意的是，这些能力非凡的"女强人"人缘大都不是很好。为什么呢？因为她们一路走来太艰难了，养成了凡事依靠自己的习惯，她们不愿意信赖别人，觉得自己能够解决一切问题。

这种有点儿偏执的坚强虽然让她们脱颖而出，成为职场上的强人，但是也孤立了她们。这样的"女强人"是孤独的，她们也很难得到下属们真正的支持。真正聪明的"女强人"懂得借助别人的力量，话语间充满对同事和下属的称赞，这样的称赞和信任为她们建立了人脉，她们不必那么费力，就能够将工作做得很好。

聪明的管理者不会凡事亲力亲为，他们会拉近与员工们的距离，在提升了个人魅力的同时，也让自己更受欢迎。

其实领导夸赞手下并不仅仅是一种语言技巧，也是一种心态的体现，真正关心下属的领导不会夜郎自大，以为自己一个人就可以搞定一切。很多管理者不明白这一点，他们喜欢在自己的员工面前吹嘘自己的完美、自己的优点。他们不知道，每一个手下都希望自己的闪光点被看到、被称赞。如果你只会夸耀自己，就会在不知不觉中与他人产生距离，造成与下属之间心理上的生疏。

因此，当领导的要能认识到赞美的重要性。当然了，赞美手下并不只是简单的夸奖而是要讲究技巧。

首先，赞美要足够真诚。领导在赞美下属的时候一定要有真诚的态度。如果领导的赞美不是发自内心，而是在敷衍和应付下属，那么下属就会认为领导不真诚，进一步就会对领导失去信任。而真诚赞美下属，则会拉近与下属的距离，增强彼此之间的信任，下属得到了赞美必定会再接再厉，创造更好的成绩。

其次，把握时机，及时赞美。通过赞美，下属能明白自己工作的能力和才干是符合领导要求的。下属受到了表扬和肯定，会有一种心理上的满足感。这种感觉能激励他们向上，朝着下一个目标前进。如果过早或是过晚赞美的话，则不会有这样的效果，那样会打击他们的自信心，让他们失去进取心。

再次，赞美要分场合。领导赞美下属还要注意赞美的场合。一般说来，领导喜欢在大会上，在全体员工面前表扬一个下属。但是这种方法有时候会取得相反的效果。有的下属会因此产生心理负担。比如：他们会觉得领导是话中有话。在这种场合可以赞美人，只需要注意，赞美下属一定是大家都有目共睹的，比如说：某某部门的小张业绩是全单位最好的。赞美这样的下属，都是大家能认同的。在多人的场合赞美，也能有良好的效果。

另外，领导赞美下属还可以通过间接的方式。比如说，领导跟一个不相干的下属谈话，其中就谈到了那些优秀的下属，这个下属回去之后，会将领导的表扬传到那些优秀的下属耳朵里。优秀的下属无意之间得到了领导的表扬，心里就会满足和高兴，之后就会以更大的热情投入到工作中去。这种间接赞美的方式，有时更胜过那些直接的赞美。

总之，一个优秀的领导应该在赞美下属的时候讲究技巧，合理而巧妙地运用上述方式。这样一来，下属们在领导的肯定下，充分发挥积极性，更加尽心尽力地工作，就会更支持你，你工作起来也会更加得心应手。

应对下属的语言

一个好的领导，通常也是一个富有威慑力和向心力的领导，一个让下属紧密地团结在你周围的领导。要想成为一个好的领导者，你就要学会营造属于自己的威严感和统治力。为此，需要注意以下几个方面的问题。

首先，要学会"批评的艺术"。你要知道，批评不等于指责，更不等于谩骂，你只需要指出对方的不足，并帮助他们改进就好了。对于性格外向的下属，你需要着重体现自己情真意切的一面；对于安静沉稳的下属，你需要体现自己理性安然的一面；对于性格相对孤僻和冷漠的人，你则要着重展现自己简洁明了、是非分明的一面。不管你采取什么样的措施和手段，都要让对方感觉到你是他的朋友，而非他的敌人，进而让他们对你产生认同感和归属感。

其次，要学会体恤下属。女性领导则要学会利用自己的女性特质，用温和的言辞关怀下属。如果下属有什么工作或生活上的困难，女领导可以像大姐一样热心问询，温柔安慰。这些言行都会帮助自己树立威信。

另外，女士们还要学着宽容一点儿。女性一般心思比较细，说话也比较感性。这些特点都是做领导需要避讳的，领导既然权力够大，则气量也要够大。

作为一个领导，最重要的是要有包容心，要有气量。你的影响力就像一个大圈，包容心越强，这个圈子就越大。这一点，女士们要向男士学习，宽容一点儿，大气一点儿，赢得更多下属的支持。

最后，针对不同性格的下属，你要有的放矢地采取措施，进而从根本上俘获并感化他们。

有些下属性情暴躁，自控力比较差，容易与人产生矛盾和争执。对于这种下属，你首先应该做到避免与他们发生争执，在一些非原则性问题的分歧上，大可不必与他们针锋相对，计较个没完没了。如果他们在气头上，你就暂时把待解决的问题搁置一下，他们的心理正处于一个缺乏理性的状态，充满厌恶和抵抗情绪，如果你执意和他们理论，只会进一步激化你们之间的矛盾以及他的情绪。在他们的心情平复之后，你再摆明事实、讲清原则，义正词严地指明他们的过失并提出整改措施。在这种对峙过程中，你所体现出的严慈相济，将会给他们带来一种神圣不可侵犯的威严感。

语带谦虚，把功劳让给别人

感谢别人，说得明确一些就是感谢领导、同事和下属。这其实是很自然的事情，你做了什么业绩，自然离不开大家的支持。要明白，不仅是你想要被肯定，职场上人人都想被肯定，如果你总是抢占功劳，就会威胁别人的生存空间。你的荣耀会让别人变得黯淡，别人可能就会心生怨气。所以，当我们获得荣誉时，一定要试着去感谢他人，让自己的同事和领导觉得踏实，让下属觉得温馨。

在某公司的年终总结大会上，老板刻意表扬了两个业绩较好的部门，并给他们的部门领导颁发了获奖证书和价值不菲的奖品，并让他们上台发表感言。

第一个部门的领导一看就是有所准备，一上台就开始滔滔不绝地讲述他的领导哲学和经营方法。其间，还多次强调了自己为部门做出的贡献和部门为企业做出的贡献，令其他部门的领导和员工听了很不是滋味，自己部门的员工也多有不满。

第二个部门的领导一上台先感谢了各位领导，然后对自己的下属一一表扬，并让他们上台接受大家的掌声。台上台下的反应异常激烈，老板也笑得合不拢嘴。

第二年，第一个部门的领导还在带领自己部门，不过有好几个员工辞职了；第二个部门的领导已经晋升为副总。

这就是会说与不会说感谢的话之间的区别。也许很多人对言必及领导、同事和下属的人嗤之以鼻。这种想法是狭隘的，当你们有了属于自己的荣耀时，口头上和他人分享一下会少了什么呢？别人并不是非得要和你分这一杯羹，但你最起码得尊重一下别人。

要明白公司里没有傻子，是你的功劳，即使你分出去，别人还会认为是你的，你不愿意分只会让别人觉得你居功自傲，对你产生反感。而且，这样做了还会留给别人一个谦虚谨慎的印象，你的品行也会得到大家的认可，你又何乐而不为呢？

沟通也是一种工作能力

现代社会强调的是团队协作。在工作中，我们每天都要跟同事相处，跟领导交谈，跟下级交往，跟其他人打交道。请示、汇报、安排、部署、检查、交流工作，都是家常便饭。因此，只有具备很强的沟通能力，才能有效履行"上情下达，下情上报，联系内外，协调左右"的职责。

所以说，在职场上，一个人的沟通能力与他的业务能力同等重要。事实上，无论你在哪个职位工作，沟通都是一种至关重要的工作能力。

孔子说："三人行必有我师。"人和人之间充满了差异和不同，对同样一件事情的理解也往往并不是一样的。如果你不肯向别人学习，不主动与人沟通，你就很难正确地认识和理解别人的行为和动机。而矛盾一旦出现，就会难以化解。

每一个人进入职场之后都希望得到领导的青睐和同事的支持，但是不知道你想没想过一个简单的道理，如果领导和同事们不了解你，就不会青睐你。不青睐你，自然也就谈不上支持你。因此，要想得到大家的支持，首先你就要让更多的人知道你，而沟通则是唯一有效的手段。

每一个成为公司高层领导的人，都会特别向下属强调沟通的重要。当你拒绝别人意见的时候，必须马上说明理由，而且理由越详细、越具体越好。表面上看起来这样浪费了时间，但是，在未来的工作中，会由此减少了巨大的摩擦，总体上节省了很多精力。

当然，沟通并不只是多说话，而是有原则地说话。

首先，沟通要有及时性。之所以强调及时沟通，是因为它能用最少的精力获得最好的效果。人的思维往往是一步步加深的，如果向着一个错误方向前进，往往就会越想越偏激，矛盾就在这种偏见中越积越深，积重难返。一旦误会和误解形成，隔阂就需要你用几倍的时间来完全消除。

其次，沟通时尽量把事情说具体。有什么样的原因，才会有什么样的结果，让对方了解你行为的具体原因，他才会更好地理解你。

职场沟通最主要的还是有效信息的上传下达，特别是汇报工作的时候，如果你总是似是而非，说不明白，可能就会造成误会，最终影响到自己的工作。

另外，沟通要有建设性，不要说很多无关紧要的话。很多女性在与人交谈的时候话很多，但是抓不住重点，絮絮叨叨，让人摸不着头脑。这种说话方式在职场上是很不受欢迎的，工作上的事情，交流起来就要一板一眼、简洁明了。女士们千万不要在工作场合大谈特谈家长里短的事情。

沟通是一种软性的工作能力，相对于专业技能而言，提高的空间更大。女士们一定要学习工作中的沟通技巧，让自己成为职场上的说话能手。

尊重任何一个同事

很多女性性格孤傲，与人交谈的时候言语很不礼貌。这种与人交际的姿态在工作场合非常不好，特别是一些取得了一定成绩的白领女士，觉得自己很有能力，加薪升职都将不是问题。于是，就对那些平时在办公室里容易被忽略的同事嗤之以鼻，对他们指手画脚，看不起他们。

这是一个严重的误区，我们在职场中对每一个人说话的时候，都应该礼貌客气，不能傲慢无礼。公司中有很多类似的"小人物"，他们没有多高的能力，更没有什么权力，只蛰伏在办公室的一角，平凡又不起眼。但是他们的实质不一定就是你用肉眼看到的那样，可能他们的工作经验要远远超过你，也可能他们的资历要比你高很多。

另外，即便是对方真的不如你，但他们既然待在那个位置上，就说明那个位置需要他们。你说不定什么时候就会有求于他们，平时笑脸相迎、礼貌问候，遇到事情的时候，他们才会乐意为你提供帮助。

因此，在职场上说话，一定要注意礼貌，虽然不一定是奉承迎合，但至少也要在面子上过得去。每个人都是处在一个大的环境中，这样便不可避免地要与各色人等交往。尊重公司每一个人，给自己营造一个良好的工作氛围，你才能充分发挥自己的潜能。与大家关系融洽，心情才会舒畅。这不但有利于自己在公司获得好口碑，也有利于自己的身心健康。

如果认为自己的职位高，自己的地位就高，从而不尊重他人，那就不会得到别人的尊重，有时候还会遇到难堪。

在一栋大厦前面的花园中，一位年过花甲的老人正在修剪路边的园林树木，他虽然累得满头大汗，但非常认真。而在离他不远的地方，一位母亲正在教育自己的儿子："你必须好好学习，否则将来不会有大的出息，只能做低级的工作，做下等人。"这位母亲说完后，看自己的儿子并没有大的触动，就想找一个例子，这时，他看见了修剪树木的老人。

"儿子，你看那个老头，这么老了，还只能修剪树木，这种完全没有技术含量的工作是不会受到别人尊重的。像他这种人就是以前不努力，现在只能做这种下等的工作。"

老人抬头看了看，并没有说什么，只是摇了摇头。那位母亲接着说："你不这样认为吗？你看你这么大岁数了，只是这里的园林工人，而我呢？还不到40岁，就已经是这栋大厦里的公司的部门经理，这就是差别，我就是比你地位高。"

她顿了顿，转头对着自己的孩子说："孩子，你以后一定要像妈妈一样，只有这样，才可以相对于这些人有优势。"老人走了过来，说："您有手机吗？"这位女士愣了一下，拿出手机给了老人，还说："我没说错吧，你连手机都用不起。"老人打了一个电话，就走了。

过了几分钟，这个母亲接到了总经理的电话："你被撤职了。这是总部董事长亲自下的命令，他说你不适合参与公司的管理，究竟是怎么了我也不知道……"

这位女士做梦也想不到，那个修剪园子的老人就是公司总部的董事长。这短短几句话，其实已经反映了问题，假如这位女士可以尊重每一个为公司工作的人，又怎么会出现这样的局面呢？

身在职场，就要尊重你身边一起工作的人，用和蔼友善的语气跟他们交流。赢得了每一个同事的好感之后，你的工作就会更加顺利。尊重公司门口看门的工人，你偶尔有了邮件他必然也会第一时间通知你；尊重餐厅的工作人员，你的餐盒里面的菜很可能会多一点儿分量；尊重打扫卫生的保洁员，他在打扫你的位置的时候就会更加用心……这并不是为了得到利益而讨好别人，而是一种与人交际的习惯，每个人都希望得到别人的尊重，如果你做到了，你就会得到别人用心的回馈。

第八章

和外人好好说话是修养，
和家人好好说话是修福

含蓄地表达爱意会更美

有一位各方面条件都不错的姑娘，由于忙于学业，再加上一场失败的爱情长跑，不知不觉间浪费了青春。结果等到三十岁的时候，这姑娘仍旧是单身。就在她发愁的时候，朋友们给她介绍了一个不错的小伙子。

两人相识之后，约会过几次。经过这几次接触，姑娘对小伙子很是满意，决心向小伙子摊牌。一天晚上，两人看电影之后，姑娘对小伙子道出了自己心里的话："我们结婚吧，我想和你在一起！"

小伙子本来也准备好了表白，可是被姑娘这么一说，一下子愣住了。小伙子心想，挺漂亮一个姑娘，听起来好像是嫁不出去一样，难道是有什么隐情？小伙子认定事情没那么简单，就决定观察一段时间再说。姑娘以为自己被拒绝了，伤心不已，再也不愿意和小伙子约会了。

确实是这样，女性一般都是处在被动的位置，即便是主动，也不应该像故事中的姑娘那样直白。如果你过于直白，过于热切，男人在心理上一定很难接受。因此，聪明的女人一定要懂得"换个说法"，把表达爱意的话说得委婉一些。

比如，你请他到你家里做客，你做饭给他吃。如果他夸你做的饭好吃，你就可以说："你真的喜欢吃？喜欢的话，我以后经常做给你吃。"又或者你喜欢的男士帮你修好了电脑，你在答谢的时候可以说："下一次坏了还找你修，你是我的专用修理工。"

这样的话语，既让男方心里甜甜的，又不会显得太突兀，还能体现你的温柔可爱，相信男士不久就忍不住主动向你表白了，你要做的，只是害羞地点点头而已。

不仅是表白，男女在确定关系之后，女性向男性表达关心和爱慕，很多时候也需要含蓄一点儿，绕个弯。跟直接说"我爱你"相比，含蓄的表达会增添情趣。著名作家三毛在与自己的知己荷西相处的时候，时不时都会有含蓄但是情意满满的对话。

荷西：你是不是一定要嫁个有钱人。

三毛：如果我不爱他，他是百万富翁我也不嫁，如果我爱他，他是千万富翁我也嫁。

荷西：说来说去你还是要嫁有钱人。

三毛：也有例外的时候。

荷西：如果跟我呢？

三毛：那只要吃得饱的钱。

荷西思索了一下：你吃得多吗？

三毛十分小心地回答：不多，不多，以后还可以少吃点儿。

三毛之所以能够成为荷西心中的唯一，与她这样的深切而含蓄的表达爱意的方式是分不开的。确实如此，爱情很多时候并不需要直接表露，特别是对女性而言，女性表达爱意，应该有独特的、更有深意的语言。

例如，你与喜欢的男士交流的时候，可以适当撒撒娇，即使说的不是情话，也能够触动对方的心弦。又或者说当你与他说话的时候，你要么乖乖顺从，要么故意违抗，总之，跟他说话的时候，语气不要跟别人一样就好。"特殊照顾"会让他仔细思索与你的关系。

另外，假如你喜欢的他碰到难题的时候，你一定要好言安慰，让他觉得你就像是亲人一样。如果你有了什么苦恼，不如多找他倾诉，一来二去，你们的关系自然而然就升温了。当你们的关系已经很熟之后，一定要拿出你柔情细心的特质，经常关心他的生活。每天好言好语询问，他才会越来越把你放在心上。

斗嘴斗出爱情火花

现在，夫妻之间已经不是以"举案齐眉"作为和睦的标准了，双方有些磕磕绊绊才是正常的。正所谓"客客气气是朋友，吵吵闹闹是夫妻"。两个人既然要相处一辈子，就不可能不发生矛盾。争吵可以把我们内心的想法表达出来，获得对方更多的关心与爱护，有助于双方协调一致。但是，争吵有好坏之分，好的争吵可以怡情，增强双方的亲密情感，坏的争吵不但伤心还更伤身。

爱情本就是男女相互之间产生的火花，偶尔斗嘴，只是火花的闪现，并不一定是坏事。相比之下，毫无争吵、平淡无奇的恋爱关系不一定更健康。青年恋人追求的是思想和观念的共鸣，相互碰撞中一定会有冲突。因此，我们要做的不是避免冲突，而是学会将冲突变成爱情的催化剂，让双方的感情在争吵中更进一步。

女性一般情绪控制能力较差，跟丈夫争吵起来就难以抑制怒气，因此，更需要特别留心。千万不要以满足个人情感为标准，对丈夫无底线地抱怨。你争吵的语言应该是有建设性的，以解决问题为基础，以增进双方融洽度为目的。话虽是吵架的时候说的，但听上去就像是情话一样，这也正是他们一直吵架最后却又在一起的原因。

恋人之间吵架斗嘴很多时候确实是一种亲昵的表现，这就是我们常说的"打是亲、骂是爱"。看上去你奚落我、我挖苦你，两边斤斤计较，其实是表达感情的一种方式，如果能够善加利用，就能够增进双方的感情。很多聪明可爱的女人都善于利用吵架增进自己在心上人心里的地位，直到对方欲罢不能。

给爱情加点儿料

关于河东狮吼，有这么个故事：

北宋有一个文人叫陈季常，他很有才华，但也很风流，喜欢跟朋友们喝酒，同时还会叫上歌伎助兴。陈季常的妻子柳氏是一个爱吃醋的女人，经常因为这事大吵大闹。据说陈季常的朋友苏东坡为了这事还写了一首诗：

龙丘居士亦可怜，谈空说有夜不眠；

忽闻河东狮子吼，拄杖落手心茫然。

这首诗里的河东狮子其实指的就是陈季常的妻子，这也正是"河东狮吼"四字的来历。有一次，苏东坡邀陈季常一起春游，柳氏知道这一去一定会跟歌伎厮混，于是不准他去。苏轼为朋友做担保，说绝不会有歌伎，于是，柳氏才勉强同意。

然而，陈季常和苏东坡一离开柳氏，就把柳氏的话忘得干干净净，照样招来歌伎陪他们游逛。这事很快就被柳氏知道了，柳氏大吵大闹。

苏东坡看到柳氏撒泼，也过来用大道理规劝柳氏，哪知道柳氏不仅不听他的，还连苏东坡一起骂。柳氏在气头上的时候，总是拿死来威胁丈夫："若还违拗些儿，天吓！我不刎便吊！"

这个河东狮吼的故事，还真是应了"一哭二闹三上吊"这句话。我们知道，女人吵闹的时候，如果不讲理，那就有损双方的感情。但是这个故事里，柳氏的做法是对的。因为如果是丈夫拈花惹草，女性的这口醋是必须要喝的，不喝反而不好。爱情里，其中一种最不可缺少的料就是醋。《红楼梦》中，凤姐的丈夫贾琏背着她娶了尤氏的妹妹尤二姐，凤辣子知道之后，也是大闹特闹。

尤氏正迎了出来，见凤姐气色不善，忙笑说："什么事这等忙？"凤姐照脸一口吐沫啐道："你尤家的丫头没人要了，偷着只往贾家送！难道贾家的人都是好的，普天下死绝了男人了！你就愿意给，也要三媒六证，大家说明，成个体统才。你痰迷了心，脂油蒙了窍，国孝家孝两重在身，就把个人送来了。这会子被人家告我们，我又是个没脚蟹，连官场中都知道我利害吃醋，如今指名提我，要休我。我来了你家，干错了什么不是，你这等害我？或是老太太、太太有了话在你心里，使你们做这圈套，要挤我出去。如今咱们两个一同去见官，分证明白。回来咱们公同请了合族中人，大家觌面说个明白。给我休书，我就走路。"一面说，一面大哭……

要知道，爱情里缺不了醋，平平淡淡习惯了，也需要一些涟漪，吃醋是一种表达爱意的方法。假如我不在乎你，别人跟你亲近我为什么会生气呢？我生气是因为我在乎你，你只能是我的。

这就是吃醋的原因，也是吃醋能够表达的意思。

如果你的他跟别人暧昧不清或者是跟旧情人藕断丝连，你就一定要挺身而出，捍卫自己的爱情，通过醋意十足的打情骂俏，增进你和恋人的关系，将别人排除在外。《红楼梦》中，黛玉看到宝玉和宝钗拥在一起之后，说的一段话也是醋意十足。

林黛玉已摇摇地走了进来，一见了宝玉，便笑道："嗳哟，我来得不巧了！"宝玉等忙起身笑让座，宝钗因笑道："这话怎么说？"黛玉笑道："早知他来，我就不来了。"宝钗道："我更不解这意。"黛玉笑道："要来一群都来，要不来一个也不来，今儿他来了，明儿我再来，如此间错开了来着，岂不天天有人来了？也不至于太冷落，也不至于太热闹了，姐姐如何反不解这意思？"

宝玉因见他外面罩着大红羽缎对衿褂子，因问："下雪了么？"地下婆娘们道："下了这半日雪珠儿了。"宝玉道："取了我的斗篷来不曾？"黛玉便道："是不是，我来了他就该去了。"宝玉笑道："我多早晚儿说要去了？不过拿来预备着。"

黛玉是出了名的刻薄敏感，看到宝钗宝玉在一起，那还了得！这话里话外的醋意，确实让宝玉非常难堪。但是，黛玉的敏感和气恼正说明了她对宝玉的在意，宝玉并不会因为这些醋意十足的话而恼怒她，反而会对她用情更深。

真正在意你的男人，会在你噘起嘴说气话的时候感受到你的真情，然后检讨自己的行为，对你更加贴心温存。爱情讲究唯

一、排他。如果你真的愿意和你眼前的男人在一起，那就不能允许他再有别人，所以，时不时来一点儿醋是必要的。无论古今，吃醋的女人大都是娇媚的，会更让男人心动。

爱情是酒，越酿越醇香。但是爱情也不单单就这一种味道，爱情有时候还是醋，也会随着时间发酵，越来越浓厚。

面对丈夫，不要吝啬你的赞美

大多数男人都想在自己的妻子面前表现自己，都希望得到妻子的赞赏。这是一种很自然的心态，说明他们心里在乎妻子，在意妻子的感受。既然如此，女性在面对自己丈夫的时候，就不要吝啬赞美的话语。经常真诚地赞美你的丈夫，不仅能让他更开心、更有信心，还能促进你们之间的感情。

你希望自己的丈夫是优秀的，那就多找他的闪光点，把这些闪光点放大，他感受到了你的期望，不自觉地就会变成你所期望的样子。

想要称赞男人，首要的一点就是发现他身上的优点，即使你只看到很小的优点，也要郑重地称赞一番，让他从自己的这个优点上面吃到甜头，他就会经常表现出来自己的优势，希望得到你更多的认可。例如，他今天和你一起做饭，虽然做得不是很好，但是你一定要说："亲爱的，你挺有天赋啊！这几个菜这么难做，你居然一学就会。"这时候，他心里一定美滋滋的，下次有机会，很可能会抢着做饭。又例如，当你下班回家，他给你倒了一杯水，你可以称赞他说："你真是太有心啦，刚好我口渴。老公，下次你回来，我也帮你端茶倒水。"这样次数多了，你们之间就会养成相互体贴的好习惯。

那么，女人常用的赞美丈夫的话有哪些呢？

第一，"你是我心中的大帅哥。"你的丈夫就算长相一般，但既然能吸引你，就一定有他过人的地方。虽然他知道自己并不是很英俊，但仍然希望听到你的赞美，希望成为你心目中的唯一，如果他在爱情中变得不自信，你就要告诉他"你永远是最吸引我的"。这样一来，你的丈夫就会更自信，你们之间的关系也会更加健康。

第二，"我喜欢跟你在一起。"恋爱的时候，情侣都巴不得时时刻刻在一起，但是结婚之后，由于鸡毛蒜皮的小事增多，说话稍不留神可能就会和爱人产生分歧，乃至引发不愉快的争执。但是，夫妻吵架大都是感情流露的一种方式，虽然吵吵闹闹，总归还是想要在一起的。"我喜欢和你在一起。"这句话算是一种很高的评价了，既然喜欢在一起，就说明在妻子眼里，丈夫还是优点多过缺点的，还是让自己觉得温暖和开心的。听到这样的赞美之后，丈夫也会不自觉地完善自己，让妻子更愿意和自己在一起。

第三，"我不介意你看美女，因为我相信你的眼光和责任心。"爱美之心人皆有之，男人在大街上喜欢看美女，女人也喜欢看帅哥。当你的另一半在街上被一位美女吸引住目光，你可能不乐意，因为你觉得他忽略了你的存在。其实他也不过是看一看，没有什么过多的想法，如果你说"不许看别的女人"就显得你小气了。你要说"我不介意你看美女，我相信你不管看到多漂亮的女人，也还会对我专一的。"这是对他品行的赞美，他也会觉得自己很高大，自然会对你更加深情。

每个男人都是不一样的，因此你的赞美的话也是不会跟别人雷同的，但是方向都一样，那就是给出积极的评价，引导他向着你期待的方向发展。想让你的另一半是什么样子，那就用什么样的话去称赞他吧！

不做"悍妻"，给足男人面子

在我国传统文化中，女性要遵守三从四德，很没有地位。现在，这种不合理的观念在很大程度上被纠正过来，女性在家中的地位完全不比男性低。但是，新的问题出现了，那就是很多女性对自己的丈夫严加管教，动不动就开口骂，像是"河东狮"一样。这种家庭状态与男尊女卑的状态一样，都是不健康的夫妻关系。

要知道，在家庭生活中，虽然丈夫应该让着妻子，但这只是在不伤自尊的前提下。男性普遍爱面子，如果妻子过于彪悍，不顾场合对着自己吼骂，男性就会觉得极度难堪。因此，女性在与自己的丈夫相处的时候，一定要把握好度，不要动不动就恶语相加，不要做"悍妻"。

第八章　和外人好好说话是修养，和家人好好说话是修福

曾看到这样一则笑话：

一次，一位男士在自己的朋友面前吹牛，说自己的老婆对自己百依百顺，无论自己说什么，老婆都会听从。讲到高兴处，他还吹嘘道："她就像是一个小宫女似的，做事小心翼翼，而我在家里，绝对是皇上！"

说到这里的时候，有朋友对他使眼色，示意他往后面看。这个人往后一瞧，霎时呆住了，原来他老婆不知道什么时候已经站在他身后。什么宫女皇上的事情，想必老婆已经只字不落地听到了。

这位男士其实很怕老婆，只有平时老婆不在场的时候才会过过嘴瘾，现在被逮住了，不由得战战兢兢。他的老婆非常恼怒，站在他身后冷冷地说："刚才我没听错吧？你是皇上，我是小宫女？"

这个男士已经非常难堪了，只好笑着回答："不，你怎么会是宫女呢？我是皇上，你是垂帘听政的皇后啊！"

这样的事情在生活中也会遇到，虽然大家笑笑就过去了，但作为当事人的男士一定会觉得很没面子。这样的夫妻关系是不和谐的，男人不敢与你争吵是因为怕，怕的背后是什么呢？一定会有气。如果你的丈夫跟你相处的时候，经常忍着气，那说不定什么时候就会爆发。

夫妻在争吵的时候，丈夫最忌讳的就是被妻子贬低，不被尊重。妻子恶语相向，损害丈夫的面子，丈夫即使看上去沉默不

语，表现得十分冷静，但其实他是为防止情绪一发不可收拾而努力克制自己，这种心理状态，显然不利于家庭和睦。

男人宠爱你，是因为你让他觉得温馨。如果你经常恶言恶语，不给他留面子，时间久了，他们对你可能就会产生厌恶。因此，聪明的女人应该学会"人前一套，人后一套"，与丈夫私下里可以任性一点儿，让他听你的；当着外人的面，就要做出温顺的样子，给足丈夫面子。这样"恩威并济"，既能够保证自己在家中的地位，又能够让丈夫感受到你的体贴，有利于建立和谐的夫妻关系。

男人好面子，就给他面子，"悍妻"不是不能做，但一定要分场合、分时候。在家做"悍妻"，在外成为丈夫身边温柔贤惠的好帮手，帮他在外人面前树立形象。要知道，别人看不起你的男人，自然会对你产生一些不好的看法。夫妻互为名片，你想让自己形象好，就要帮助丈夫维护面子，营造形象。女人常给男人留面子，才能给男人更多的自信和力量，才能让自己的生活多一点儿美丽，少一分争吵。

吵架就事论事，不翻旧账

夫妻之间关系再亲密，也毕竟不是一个人，总会存在这样那样的矛盾，吵吵闹闹在所难免。我们需要做的不是让吵架完全消失，而是将吵架带来的伤害降到最低。吵架的时候，如果就事论事，矛盾解决之后，夫妻双方的关系一般都会和好如初，但是如果吵闹升级，变成了人身攻击，伤害也就会升级，损害双方的感情。

女人与丈夫吵架，一般都是比较任性的。这其实没什么不对，因为家本来就不是讲理的地方。但是，即便是任性，也需要有个限度。假如你想要跟眼前的这个男人过下去，不打算分开，那么，吵架的时候就尽量就事论事，不要翻旧账。因为一旦翻了旧账，双方的很多年的分歧就会集中爆发，极有可能对感情造成较大的伤害。聪明的女人在与丈夫争吵时，会把吵架的焦点集中在眼前的事情上，以解决问题为目的，而不是非要把丈夫批得体无完肤。

比如说一个妻子，觉得很长时间以来，丈夫没有以前那么关心自己了，她心里就会有怨气，默默记住丈夫做错的每一件事。然后某一天，妻子爆发了，丈夫说了一句话不对，她就劈头盖脸地骂。丈夫在这时候会赶紧回想：半小时前，下班接她回家，没错；路上主动给她买东西吃，没错；回家之后换拖鞋，没有把地板弄脏，没错；刚才只是说了一句晚饭想出去吃，可能错了。但是，就这一个小错误，至于这么生气吗？这种情况下，丈夫自然也会恼怒，你怎么心眼这么小，脾气怎么这么暴躁，这不是没事找事吗？

这就是女人爱翻旧账的后果，也是男人不喜欢翻旧账的原因。男人有不对的地方，妻子应该尽早指出，不要积累起来翻旧账，你觉得算总账更清楚明白，却忽略了男人更喜欢就事论事，随时解决问题。因此，聪明的妻子绝不会在吵架的时候翻旧账，她们一发觉矛盾激化，就会很快叫停，心平气和地解决问题。

心理学家建议，女人在对自己丈夫发怒前一分钟，一定要静一下，问自己两个问题：究竟是为什么生气？通过吵架能解决掉这个问题吗？回答完这两个问题之后再发火，除了生气的原因之外，不要牵扯以前的其他事情。这样的话，你的火气就会得到限制，也能够跟丈夫吵出一个所以然，不至于伤害对方。

丈夫失意时更要好言安慰

男人在外打拼，会有成就，也可能会有失意。一个男人失意的时候，最想得到亲人的安慰，妻子无疑是男人身边最亲密也是男人最在意的人之一，因此，妻子的安慰对于失意的男人来说是非常有意义的。

有的女人觉得自己的丈夫没有本事，失败了也是自然，她们不仅不会好言安慰，还会冷言冷语讽刺，这种做法非常愚蠢。要知道，你是要跟丈夫过日子的，丈夫有没有出息，跟你过得好不好是直接相关的。所以聪明的女人会安慰丈夫，让丈夫重新站起来，让丈夫比以前更好。

其实很多男人努力奋斗，原本就是为了自己心爱的女人能够过得更好，这份心意非常难得，即便他失败了，女人也要怀着感恩的心，照顾他，帮他渡过难关。都说一个成功的男人背后一定有一个成功的女人，确实是这样，一个成功的女人，才能一直给自己的男人力量，让自己的丈夫越来越好。

对于男人来说，奋斗的动力之一就是妻子的鼓励和安慰，如果他们从妻子那里得来的是讽刺挖苦，他们也可能会在这种打击下一蹶不振。丈夫失意的时候，你安慰鼓励，他就会鼓足勇气前进，可能很快就能重新站起来。如果你挖苦讽刺，他可能就会更加消沉，这样的消沉换来的也许是妻子更加凌厉的批评指责。这样一来，双方就会陷入一种恶性循环。不仅男人失去了奋斗的动力，你们之间的感情也可能会渐渐消散。

所以说，聪明的女人知道，自己是丈夫的动力源之一，他们不会轻易否定自己的男人，他们一直相信自己的男人是最棒的、最出色的，之所以暂时低落，是因为时机未到而已。

帕克斯是一个穷小子，他没有什么钱，也没有很高的学历。但是，他很幸运，他娶到了一位有钱人家的大小姐。一般来说，如果太太家有钱有势，太太很可能会看不起丈夫，但帕克斯的太太从没有瞧不起他，而是非常信任他，还对他相当有信心。对于丈夫好的想法，帕克斯太太总是不吝称赞。

他们婚后最初那几年，太太家里拒绝资助他们，因此，两人的日子过得相当艰难。帕克斯失败过许多次，但太太从不埋怨她，每当帕克斯心灰意冷的时候，太太都给予了他极大的安慰和支持。最终，在妻子的帮助下，帕克斯终于取得了成功，开创出了自己的一番事业。帕克斯开创了美国帕克斯货运公司，成为富甲一方的名人。

谈到自己太太的时候，帕克斯说："妻子的期望和不断的支持让我觉得每天都充满希望，我的妻子总是会说一些我喜欢听的话，即使是她在生病的时候，她也会问我'有没有什么事要跟我说？''你今天看上去很开心的样子，一定是公司运转得不错吧！'妻子的关怀和鼓励让我能够面对一切挫折，这就是我成功的最重要的原因。"

风里来雨里去的男人也有脆弱的时候，他们一般不会在外人面前表现出来，只会在最亲密的人面前显露出自己的脆弱。这时候，妻子就应该安慰他们，帮他们抚平伤口，让他们养好伤，重新充满活力地去战斗。

家是男人栖息的港湾，他们就像是远征的舰船，每当回到港湾，他们需要的就是维修加油，需要妻子的温情抚慰。所以，不要吝啬你的温柔，给他最温暖、最信任的鼓励吧，带着你的温情，他才能走得更远、站得更高。

对待父母要尊敬、温和

我们可能没有子女，甚至没有配偶，但是不可能没有父母。这两个世界上最疼爱你的人，总是无条件地付出他们的一切，只求你平安幸福地活在这个世界上。从呱呱坠地的那一刻起，他们就开始了一段不计艰辛的旅途，他们教给我们他们能够想到的一切生存技巧和人生道理，看着我们慢慢长大，就是他们最大的安慰。

但父母都会变老，终有一天，他们会变得行动不便。生理机能的改变仿佛重新让他们变成了"婴儿"，他们说话开始吞吞吐吐，走路蹒跚，开始容易忘记一些东西。他们需要你的呵护和关心，就像你年幼的时候离不开他们一样。

都说女儿是父母的小棉袄，这是因为相对于男孩来说，女孩更能够理解父母的心，更能让父母觉得贴心温暖。因此，女性们在职场上干练坚强，在朋友面前优雅可爱，到了父母面前，言语中就应该充满关怀和敬爱。无论是面对父母还是与父母通过电话交谈，都要能够让父母感觉到你的爱，感觉到你的牵挂和不舍。

很多女孩子小时候被父母宠爱，养成了任性的脾气，长大后偶尔同父母讲话，也还是不改变自己的言语，动不动就说"哎呀你们烦不烦啊"，或者说"我正忙呢，没空跟你说话"。这都是很伤父母心的。要明白，你小的时候跟他们犟嘴，他们并不会在意，因为他们还有能力照顾自己。当你长大了，他们渐渐感觉自己很多事情力不从心，就会从心里把你当作是他们的依靠，如果你经常厌烦他们，他们一定会黯然伤神。

王晓月的父母都已经快60岁了，两位老人身体情况依旧不错，所以王晓月和自己的哥哥平时也比较放心，都在外地工作。王晓月的哥哥离家比较远，一年才回家两次。王晓月在相邻的市里工作，一两个月就会回家一次。

一次，王晓月的妈妈生病了，刚好王晓月当月工作忙，就没有回家。晓月妈妈的病不是很严重，在医院静养两天就可以。但是，看到病房里其他病人都有人探望，晓月妈妈心里就很不是滋味。她给晓月打了电话，说自己病了，在医院住院。说着说着晓月妈妈还哭了，说别人都有人探望，只有自己，连有人问询一下都没有，儿子和女儿都不在身边。晓月一听就急了，请了假就往家赶。

不巧的是，王晓月到达县城的时候天气突变，下大雪了。从县城往家回的班车停运了，晓月一时回不去。但是，因为担心妈妈的病情，晓月租了一辆车往家走。因为快到家里的一段路被封死了，晓月还赶了十几里山路。

到了镇上的医院，晓月找到了妈妈。她关切地问："妈，你怎么样？"晓月妈妈正在喝鸡汤，面色已经红润了，本来就没有什么严重的病，经过几天休养，看上去比以前还精神。晓月妈妈回答："我没事呀，前两天闹胃病。"晓月的火一下子就上来了："没事你叫我回来做什么？这么大的雪，真是的！"晓月妈妈一听就也生气了："小病不能叫你，难道只能是快死了才能叫你吗？下雪了是不假，我怎么知道会下雪？"说完，又哭了起来。

晓月是一个孝顺的姑娘，但是跟妈妈讲话的时候太不注意了。老人让儿女回家，即便不是因为生病，也是想念儿女了，怎么能够埋怨老人呢？"树欲静而风不止，子欲养而亲不待"，人的衰老，包括时间的流逝，永远比你想象中的要快。

孝敬父母是不能够等待的。一定要时刻照顾父母的生活，尽一个子女应尽的义务。他们不需要太优越的生活环境，而是需要和我们交谈，需要我们关爱的话语，身体的衰竭已经让他们承受了足够的不便甚至痛苦，不要再让他们因为外界环境而面对更多的麻烦。与他们说话的时候，尽量专心一点儿，语气尽量柔软一些，不是原则性的问题，不要违逆他们的意思。

女性还要运用自己独特的优势，让老人感受到温暖。如果听说自己的父母生病了或者身体不舒服，你就要在听到这个消息的下一秒就采取行动。病痛正在加剧消耗他们的有生之年，一刻也不要等待，要陪在他们身边，温柔地安慰他们。

在与父母的任何一次交流过程中，一定要保持真诚、恳切，说话要亲切、清晰。第一次开口时，一定要喊一声"爸"或者"妈"，这是对父母最基本的尊重，把它当作一个好习惯吧。几十年来，他们给了你所有的一切，而你需要做的只是说几个简单的汉字，而且一直是重复的，还有比这更离谱的交易吗？

给父母打电话的时候，不要不耐烦，动不动就想挂电话。哪怕感觉没有任何好说的也可以给父母打电话，放心，父母对你的"骚扰"绝对不会介意。他们只想听听你的声音，知道你过得很好，他们就可以安心地睡上一个好觉。电话一周至少应该打一个，这已经是底线了。要时常询问父母的身体状况，做父母的私人医生，在家里给他们准备一个药箱。

要学会与父母商量问题，尤其在面对工作、婚姻等重要决定时。父母的身体虽然一日不如一日，但头脑还是很好用的。而且最关键的，他们提出的所有决策，都是本着让你取得最大化利益的原则，免费的"投资分析师"，你都不用吗？即使他们的意见真的不那么合理，你也不要一味地予以否定甚至指责，耐心地解释给他们听，就像他们教你认识这个世界时一样，用心和他们说话。别把你在社会上时被迫穿戴的任何一张面具带到与父母的谈话中来，他们比你都要了解你自己。

人老了之后，不能再干太多的体力劳动，话语自然会多一些。如果你的父母喜欢在你面前唠叨，那你就偷着乐吧，你依旧在两个人心里面占据着最最重要的地位，他们恨不得亲自替你打理所有的事情。永远记得，不要顶撞父母，言语要尊敬温和，成为父母真正的温暖柔和的"小棉袄"。